Carlo Maria Martini

W0067573

Selig seid ihr!

Betrachtungen zu den Seligpreisungen

VERLAG NEUE STADT
MÜNCHEN · ZÜRICH · WIEN

Ein Buch aus der Reihe:
Hilfen zum christlichen Leben

Titel der Originalausgabe: *Le Beatitudini*
© 1990 Cooperativa In Dialogo, Mailand
Übersetzung aus dem Italienischen:
Stefan Liesenfeld

Die Deutsche Bibliothek — CIP-Einheitsaufnahme

Martini, Carlo Maria:
Selig seid ihr! : Betrachtungen zu den Seligpreisungen /
Carlo Maria Martini.
[Übertr. aus dem Ital.: Stefan Liesenfeld].
- 1. Aufl. - München ; Zürich ; Wien: Verl. Neue Stadt, 1994
(Hilfen zum christlichen Leben)
ISBN 3-87996-316-9

1994, 1. Auflage
© Alle Rechte der deutschsprachigen Ausgabe
bei Verlag Neue Stadt GmbH, München
Umschlagabbildung: Fra Angelico, „Il discorso di Gesù
sulla montagna" (San Marco, Florenz)
Umschlaggestaltung und Satz: Neue-Stadt-Graphik
Druck: Erhardi Druck GmbH, Regensburg
ISBN 3-87996-316-9

Vorwort

Die Seligpreisungen: ein einzigartiger Abschnitt der Bergpredigt, der nicht nur Christen in seinen Bann zieht. Was Jesus sagt, übt eine unwiderstehliche Faszination aus, vielleicht gerade, weil es dem gängigen Denken so sehr zuwiderläuft. Ist es nicht eine Provokation, Armsein glücklich zu preisen in einer konsumorientierten Welt ..., Trauernde und Leidtragende selig zu nennen, wo sich jeder nach einem unbeschwerten Leben sehnt, Verfolgung um der Gerechtigkeit willen zu preisen, wo um des lieben Friedens willen viele Kompromisse geschlossen werden ...

Ist die Bergpredigt, sind die Seligpreisungen nicht eher etwas für eine kleine Gruppe „Auserwählter"? Keineswegs. Sie gelten jedem Christen, sie sind, wie Kardinal Martini sagt, „ein christliches Lebensprogramm", die „Proklamation jener Form des Menschseins, die dem Evangelium entspricht: des Jünger-Jesu-Seins". Wenn man Jesus Glauben schenkt, bedeutet diese Lebensweise verwirklichtes Menschsein, echtes Glück – und das nicht erst im Jenseits.

Der Mailänder Kardinal möchte in diesem kleinen Band, der seinen Ursprung in mündlichen Vorträgen hat, die Seligpreisungen für das persönliche Leben erschließen. Er beschreitet den erprobten Weg der „klassischen" geistlichen Schriftlesung: Nach der Methode der *Lectio divina* geht er Vers für Vers durch, erläutert den biblischen Text, stellt Querverbindungen zu anderen alt- und neutestamentlichen Stellen her und läßt die anschließende vertiefende Reflexion einmünden in Anregungen für das persönliche Leben. Seine Betrachtungen sind nicht abstrakte, gelehrte Gedanken, sondern eine Einladung zum eigenen Mit- und Nachdenken.

Dieses Büchlein will also nicht in einem Zug gelesen werden: Es konfrontiert den Leser mit sich selbst, verlangt Innehalten, persönliche Weiterführung der Denkanstöße, die lediglich Beispielcharakter beanspruchen. Es möchte helfen, zur Begegnung mit dem zu finden, der uns in den Seligpreisungen eine neue Sicht des Menschseins eröffnet hat: zur Begegnung mit Jesus. In seiner Person, in seinem Leben steht uns der Mensch der Seligpreisungen par excellence vor Augen: der Arme vor Gott, der alles vom Vater erwartet; einer, der traurig ist, wo das Reich Gottes nicht bei den Menschen ankommt; der keine Gewalt ausübt, sondern nur durch seine ohnmächtige Liebe zu bezwingen vermag ... Der Gekreuzigte, auf den Kardinal Martini in den Betrachtungen immer wieder verweist, ist die lebendige Erläuterung der Seligpreisungen.

Stefan Liesenfeld

Einführung

Komm, Heiliger Geist, erfülle unsere Herzen.
Unsere Betrachtungen seien Wort für Wort
eingetaucht in eine Atmosphäre des Gebets.
Gib, daß wir in schweigender Sammlung
zu jener Tiefe finden, in der Gottes Geheimnis
des Menschen Herz erreicht
und die Welt verwandelt.
Maria, Mutter Jesu, tritt für uns ein,
auf daß unser Beten tief und echt sei,
daß es unser Leben durchdringe und läutere.

Wir wollen über den ersten Abschnitt der Bergpredigt nachdenken. Sie beginnt mit den Worten: „Als Jesus die vielen Menschen sah, stieg er auf einen Berg. Er setzte sich, und seine Jünger traten zu ihm. Dann begann er zu reden und lehrte sie" (Mt 5,1-2). Unser Thema sind die Seligpreisungen, die wir nach der Methode der geistlichen Schriftlesung, der *Lectio divina*, vertiefen werden. Mit dieser betenden Lektüre des Wortes Gottes möchten wir einem großen Wunsch des Zweiten Vatikanischen Konzils nachkommen, das in der Dogmatischen Konstitution über die göttliche Offenbarung, *Dei Verbum*, die Gläubigen eindringlich auffordert, „durch häufige Lesung der Heiligen Schrift sich die ‚alles übertreffende Erkenntnis Jesu Christi' (Phil 3,8) anzueignen" (DV 25). Dies ist unser Anliegen: einzudringen in die alles übertreffende Erkenntnis Jesu Christi, sein Herz kennenzulernen, das Geheimnis seines Lebens – in der Geschichte, in der Kirche, in uns. Wir bitten Maria, seine Mutter, die das große Geheimnis Jesu und seine Armut, Demut und Barmherzigkeit aus unmittelbarer Nähe miterlebt hat, sie möge uns helfen, die tiefe Bedeutung der Worte des Evangeliums von innen her zu verstehen.

Die Seligpreisungen sind nicht nur in christlichen Kreisen bekannt; Gandhi zum Beispiel hat sie oft zitiert, und wie er viele andere Persönlichkeiten aus der nichtchristlichen Welt.

Manchmal spricht man von den „acht Seligpreisungen", doch im Matthäusevangelium sind es eigentlich neun:

„Selig, die arm sind vor Gott;
denn ihnen gehört das Himmelreich.
Selig die Trauernden;
denn sie werden getröstet werden.
Selig, die keine Gewalt anwenden;
denn sie werden das Land erben.
Selig, die hungern und dürsten nach der
Gerechtigkeit;
denn sie werden satt werden.

Selig die Barmherzigen;
denn sie werden Erbarmen finden.
Selig, die ein reines Herz haben;
denn sie werden Gott schauen.
Selig, die Frieden stiften;
denn sie werden Söhne Gottes genannt werden.
Selig, die um der Gerechtigkeit willen
verfolgt werden;
denn ihnen gehört das Himmelreich.

Selig seid ihr, wenn ihr um meinetwillen beschimpft und verfolgt und auf alle mögliche

Weise verleumdet werdet. Freut euch und jubelt: Euer Lohn im Himmel wird groß sein."
(Mt 5,3-12)

Die ersten acht Seligpreisungen haben eine einheit-
liche literarische Form. Sie stehen alle in der 3. Person Plural: Selig sind die, die arm, betrübt, sanftmütig, barmherzig usw. sind. Das Glück wird dem
zugesprochen, der eine bestimmte Haltung besitzt
bzw. in einer bestimmten Weise handelt. Die neun-
te Seligpreisung hingegen enthält eine direkte An-
rede in der 2. Person Plural: Selig *ihr* ... Damit erin-
nert sie formal an die vier Seligpreisungen Jesu,
wie sie im Lukasevangelium stehen.

Die Einheitlichkeit und Zusammengehörigkeit
der ersten acht Seligpreisungen wird auch dadurch
unterstrichen, daß die erste („Selig, die arm sind
vor Gott ...") und die achte („Selig, die um der Gerechtigkeit willen verfolgt werden ...") jeweils mit
der Erwähnung des „Himmelreichs" enden; das
Himmelreich bildet gleichsam den Rahmen dieser
acht Verse. Zudem fällt auf, daß sie sich in zwei
Vierergruppen gliedern lassen, die beide mit einem
weiteren Schlüsselbegriff schließen: dem der „Gerechtigkeit".

So treten drei Wörter in den Vordergrund: „selig", „Himmelreich" und „Gerechtigkeit". Versuchen wir ihre Bedeutung zu erhellen, um auf diesem Hintergrund die einzelnen Seligpreisungen
tiefer ausloten zu können.

DAS HIMMELREICH

„Himmel" verweist hier auf Gott, auf den, der in den Himmeln wohnt: Himmelreich ist gleichbedeutend mit Reich Gottes. Doch was ist dieses Reich, um dessen Kommen wir in jedem Vaterunser bitten? Ein Mißverständnis ist sogleich auszuräumen. Die Rede vom *„Reich* Gottes" legt gewöhnlich die Vorstellung von einem Ort oder Gebiet nahe, in dem jemand regiert. Der griechische Begriff bezeichnet hingegen eine Handlung: Die *Basileia* ist die Königsherrschaft, das Herrschen Gottes. Es geht um ein machtvolles Eingreifen Gottes, der auf die Menschen zugeht, der kommt, um über die Menschheit zu herrschen und ihren Problemen, Nöten und Leiden entgegenzutreten. Wir sollten uns neu vergegenwärtigen, daß Gott mit seiner Herrschaft in so überaus großzügiger Weise auf uns zukommt, daß alle unsere Hoffnungen und Erwartungen übertroffen werden. Es gibt keine menschliche Sprache, in der sich die Größe und Kraft seiner Herrschaft angemessen beschreiben ließen.

Dein Reich, Herr,
deine Herrschaft über uns,
übersteigt bei weitem unser Stammeln
und unsere Vorstellungen.
Unser Denken ist geprägt von der Armseligkeit
und Begrenztheit unserer Erfahrung.

Dein Reich
ist das In-Aktion-Treten deiner Vaterschaft;
du bist es selbst:
du, der du wieder Herr und Vater wirst
für uns, die wir oft versklavt sind
an die Sünde, an unsere Leidenschaften;
wir sind der Unwissenheit, Krankheit und dem Tod
anheimgegeben.
Das Reich bist du, Vater,
der du uns liebst als deine Kinder
und möchtest, daß wir deine Kinder sind,
frei und voller Würde.
Das Reich bist du,
der du uns befreist
aus Schmerz und Krankheit,
aus Sünde und der Unfähigkeit zu lieben.
Das Reich bist du,
der du uns zur wahren Liebe befähigst,
zu der Liebe, mit der Jesus liebt,
und uns in die Fülle eines Lebens führst,
das nicht enden wird.

Die Antwort auf die Frage: Was ist das Reich Gottes? ist einfach und schwierig zugleich. Denn es ist so umfassend und weit wie Gottes Handeln an uns, wie seine Liebe zu uns; es ist unendlich wie die Macht Gottes, die in der Geschichte und darüber hinaus in der Ewigkeit zum Tragen kommt. Das Reich ist all das, was Gott für uns, für mich getan hat, tut und tun wird. Es übersteigt jedes

Schema, jede Voraussicht, jede menschliche Möglichkeit. Es ist Gottes absolute Macht.

Sein Reich ist Überwindung all unserer Nöte, Erfüllung unserer tiefsten Wünsche: des Wunschs nach Gemeinschaft, Freundschaft, Wahrheit, Liebe, Gesundheit, Leben. Doch nicht in jener oberflächlichen Weise, wie wir es uns oft denken, wenn wir beten: „Herr, laß mich gesund werden; laß es mir gut gehen ...“ Gott greift all unser Wünschen auf in seinem Reich und gibt uns doch bei weitem mehr. Keine menschliche Kraft, keine menschliche Erwartung vermögen dieses heilbringende Handeln Gottes zu begrenzen, zu umschreiben oder zu erfassen. Es übertrifft jede Erwartung und ist doch Antwort auf alles Sehnen, das durch Gottes väterliche Liebe gestillt wird.

Die Bitte: „Dein Reich komme!“ ist folglich ein Bitten um etwas, das über unser Vorstellungsvermögen hinausgeht, zugleich aber all unsere Sehnsucht nach dem Guten und nach Glück umgreift. Sie ist eine machtvolle Anrufung, die auf etwas ganz Großes zielt. Auf diesem Hintergrund begreift man, wie außerordentlich die Verheißung Jesu ist: „... denn ihnen gehört das Himmelreich“.

Herr, gib uns eine Ahnung von deinem Reich.
Laß uns begreifen, daß es uns zugesagt ist.

Die Gottesherrschaft läßt sich als das Ereignis beschreiben, in dem Gott allem seinen richtigen Platz
gibt. Sie ist die Verwirklichung des heiligen, vollkommenen Willens Gottes, der allem und jedem
Rechnung trägt und jedem Gerechtigkeit widerfahren läßt, die Erfüllung und Überbietung allen Seh-
nens und jeder menschlichen Erwartung.

Gott stillt wahrhaft unser Verlangen, und in diesem Sinn kann man die Aufrichtung des Reiches
Gottes mit einem biblischen Begriff als „Gerechtigkeit" bezeichnen: Seine Herrschaft gibt allem seine
vollendete Ordnung und das vollkommene Maß.
Nicht das dürftige, kleinliche Maß menschlichen
Bilanzierens, sondern das überreiche, heilbringende Maß der göttlichen Güte und Barmherzigkeit.

So begegnet uns in den Seligpreisungen neben
dem Begriff „Himmelreich" das Wort „Gerechtigkeit". Beides gehört zusammen. Wir hungern und
dürsten nach ihr; denn wir möchten, daß alles
seine Erfüllung findet, daß in allem, in jedem
Menschen Gottes Wille zum Zuge kommt. Wer
nach der Gerechtigkeit dürstet, betet inständig um
das Kommen seines Reiches, er liebt Gott so sehr,
daß er bereit ist, Verfolgung zu erleiden, und vor
keinem Hindernis erschrickt. Es geht ihm einzig
darum, daß der Wille des Herrn geschieht.

Als „Selige" bezeichnen wir gewöhnlich jene Menschen, die von der Kirche seliggesprochen werden. Doch in der Bibel wird der Begriff in einem anderen Sinn verstanden. Treffender und dem Denken Jesu näher wäre es, ihn mit „glücklich" zu übersetzen.

Der Ausdruck kommt mehrfach in den Evangelien und in vielen anderen biblischen Texten vor. Elisabeth zum Beispiel sagt, als sie Maria begrüßt: „Gesegnet bist du mehr als alle anderen Frauen ... Selig ist die, die geglaubt hat" (vgl. Lk 1,41.45). Jesus erwidert der Frau, die jene preist, die ihn in ihrem Schoß getragen und gestillt hat: „Selig sind vielmehr die, die das Wort Gottes hören und es befolgen" (Lk 11,28). Dem Simon sagt er das schöne Wort: „Selig bist du, Simon Barjona; denn nicht Fleisch und Blut haben dir das offenbart, sondern mein Vater im Himmel" (Mt 16,17).

„Selig" oder „glücklich" bezeichnet schon im Alten Testament den ethischen oder religiösen Wert einer bestimmten Situation oder Haltung. In unserem Text will Jesus unterstreichen, welchen Wert die Armut vor Gott hat, die Trauer, Sanftmut, Barmherzigkeit, Herzensreinheit, der Hunger und Durst nach der Gerechtigkeit.

Seligpreisungen, könnten wir sagen, stellen eine Art Anthropologie dar: Sie beschreiben, was in Wirklichkeit ein glücklicher, wahrhaftiger, authentischer Mensch ist. Die Seligpreisungen im Evangelium sind die Proklamation jener Form des Menschseins, die dem Evangelium entspricht, des Jünger-Jesu-Seins.

EINLADUNG ZUM BETRACHTENDEN GEBET

Ich möchte einige Hilfen geben, betend innezuhalten und selber in stiller Anbetung das Gespräch mit Jesus zu suchen.

> Du, Jesus, bist König;
> du bringst uns das Reich Gottes.
> Wir danken dir, daß du über uns herrschst.
> Wir möchten, daß dein Reich komme.
> Du, Jesus, bist unsere Gerechtigkeit;
> du bringst meine Lebenswirklichkeit in Ordnung,
> in der Familie, am Arbeitsplatz,
> in meiner Gemeinde.
> Du, Jesus, bist unsere Seligkeit,
> unser höchstes Glück,
> das Glück meines Lebens,
> das Glück meines Herzens.

Wenn wir Jesus als unseren König, als unsere Gerechtigkeit und unser Glück betrachtet haben, können wir uns vor ihn stellen und über uns selbst nachdenken:

Herr, hast du wirklich
die Herrschaft in meinem Leben?
Ist mein Leben in Ordnung?
Mein Handeln gerecht?
Bin ich glücklich?

Diese letzte Frage halte ich für äußerst wichtig: Bin ich glücklich? Bin ich vor dem Herrn zufrieden mit meinem Leben? Wenn ja, warum? Wenn nein, wo liegen die Gründe meiner Unzufriedenheit?

Vielleicht werden wir im Gespräch mit Jesus entdecken, daß gewisse Ereignisse, die wir gewöhnlich als schlimmes Unglück ansehen, uns gar zum Glück führen können. Dies ist das Geheimnis der Seligpreisungen.

Herr, gib, daß wir die Seligpreisungen
in ihrer wahren Tiefe verstehen,
daß wir eindringen in dein Herz
und dich betrachten können,
der du sie ausgerufen hast.
Wir möchten, daß die Seligpreisungen
uns durchdringen, uns heilen und retten,
daß sie uns die Fülle deiner Gnade
zuteil werden lassen.
Wir bitten dich darum
auf die Fürsprache von Maria,
deiner und unserer Mutter.

Selig,
die arm sind vor Gott

Jesus ruft aus: „Selig, die arm sind vor Gott; denn ihnen gehört das Himmelreich" (Mt 5,3).

Über das Thema „Armut" wird viel gesprochen, doch was Armut hier meint, wird selten verstanden. Viele Menschen glauben, die Armut, von der das Evangelium spricht, bedeute Geringschätzung irdischer Güter, vielleicht gar die Verherrlichung von materieller Not, Elend oder einem Bettlerdasein. Gelegentlich erwachsen aus dem Bemühen um evangeliumsgemäße Armut Spannungen unter den Christen. Man fragt sich: Wie ist das mit der Armut der Kirche? In welchem Sinn soll man arm sein?

Wir wollen hier nicht in eine Diskussion über Begriffe einsteigen; uns geht es eher darum, betend und betrachtend einen Zugang zu finden zu Jesus, der in der Schlichtheit seiner tagtäglichen Existenz die erste der Seligpreisungen gelebt hat.

Entsprechend der Methode der *Lectio divina* werden wir in folgendem Dreischritt vorgehen: Zunächst werden wir die tragenden Elemente des Verses herausarbeiten; dann denken wir über die Botschaft nach, über die Werte, die Jesu Worte uns vermitteln; schließlich richten wir den Blick auf

Jesus, auf das Herz des Sohnes Gottes. Dies wird auch eine Anfrage an uns selbst und unseren Lebensstil sein.

Es ist ein ganz kurzer Vers: „Selig, die arm sind vor Gott; denn ihnen gehört das Himmelreich."

Im griechischen Original steht für „arm" das Wort *ptochoi*. Die davon abgeleiteten Substantive meinen immer materielles Elend, Mangel an Gütern. So heißt *ptocheion* „Armenhaus; Unterkunft für Bettler". Das Verb *ptocheuo* ist mit „betteln, arm sein, erbetteln" zu übersetzen. Doch in dem Vers bei Matthäus ist eine wichtige nähere Bestimmung beigefügt, wörtlich: „die Armen dem Geist nach" oder „die Armen im Geiste". Der Zusatz ist nicht leicht zu verstehen; die kürzere Fassung bei Lukas ist klarer: „Selig, ihr Armen" (Lk 6,20).

In den verschiedenen Bibelausgaben finden wir eine große Bandbreite von Übersetzungsvorschlägen: „die geistlich Armen" oder „die da geistlich arm sind"; „die arm sind im Herzen"; „die die Gesinnung von Armen haben" u.a.m. In der deutschen Einheitsübersetzung heißt es: „die arm sind vor Gott".

Es wird deutlich, daß wir nicht bei der vordergründigen Bedeutung von „Armut" stehen bleiben dürfen, um das Denken Jesu, wie Matthäus es uns vorstellt, zu begreifen. Jesus gebraucht das Wort an dieser Stelle nicht so, wie es im gewöhnlichen Sprachgebrauch verwendet wird, sondern zielt auf die inneren Werte der Armut, wie sie uns schon im Alten Testament begegnen. Typisch ist in diesem Zusammenhang eine Stelle beim Propheten Zefanja:

„Sucht den Herrn, ihr Armen im Land,
die ihr nach dem Recht des Herrn lebt.
Sucht Gerechtigkeit, sucht Demut!"
(Zef 2,3)

Statt „ihr Armen im Land" übersetzen andere „ihr Gedemütigten" oder „ihr Erniedrigten". Dies kommt der eigentlichen Bedeutung des hebräischen Begriffs vielleicht näher. Die Armen oder Gedemütigten sind für Zefanja und andere alttestamentliche Propheten die Israeliten, die ihre politische Unabhängigkeit verloren hatten. Sie waren gedemütigt und verarmt durch die Eroberungszüge fremder Mächte und hatten gelernt, sich in ihrer neuen, schwierigen Lage dem Willen Jahwes zu unterwerfen und im Vertrauen auf seine fürsorgliche Liebe zu leben. Sie wußten: Gott wird uns helfen.

Die „Armen", die Jesus selig preist, sind in der Lesart des Matthäus jene Menschen, die nicht auf ihre eigene Kraft bauen. Sie haben wenig, dessen sie sich rühmen und worauf sie sich stützen können; sie zählen auf den Herrn und sind seiner Güte, Macht und Barmherzigkeit gewiß. „Die Armen" sind Menschen, die ihre ganze Hoffnung auf Gott gesetzt haben.

„IHNEN GEHÖRT DAS HIMMELREICH"

Wer nicht auf sich selbst, sondern einzig auf Gott vertraut, ist offen für die gute Nachricht, die Jesus bringt, für sein Evangelium. Geistiger oder materieller Besitz hingegen kann die Bereitschaft verringern, sich darauf einzulassen. Jemand, der in falscher Selbstsicherheit lebt, der auf seinen Privilegien beharrt und sich hinter dem, was er hat und ist, verbarrikadiert, lebt in der ständigen Furcht, etwas zu verlieren oder gar von seinem Thron gestürzt zu werden. Er neigt dazu, sich zu verschließen, und ist nicht mehr fähig, auf das neue, kühne Angebot Jesu Christi einzugehen.

Einer, der gelernt hat, nicht auf sich selbst zu bauen, sondern seine menschliche Gebrechlichkeit kennt und weiß, wie brüchig all das ist, woran wir Menschen uns klammern möchten, ist offen für die Neuigkeit des Gottesreiches. Ihm gehört das Reich in gewisser Weise schon; er ist bereit, es freudig zu empfangen. Er nimmt das Wort Jesu an als Wort der Stärkung und Ermutigung, der Freude und Hoffnung.

Die Botschaft der ersten Seligpreisung wird anschaulicher, wenn wir weitere Stellen aus den Evangelien hinzuziehen. Die großen Worte der Bibel lassen sich nie mit mathematischer Genauigkeit definieren; sie sind hingeordnet auf die Tiefe des Herzens, auf jenen inneren Reichtum, aus dem verschiedene Haltungen gleichzeitig hervorgehen und im Leben Gestalt annehmen. So können verschiedene andere wichtige neutestamentliche Begriffe uns verdeutlichen, was es bedeutet, vor Gott arm zu sein.

1. „Wenn ihr nicht umkehrt und wie die *Kinder* werdet, könnt ihr nicht in das Himmelreich kommen" (Mt 18,2).

Kindsein: Das griechische Wort *paidion* bezeichnet einen Jungen zwischen drei und acht Jahren, der Vertrauen hat, der unkompliziert ist, einen, mit dem man gern zusammen spielt, der sich in allem auf die Eltern verläßt. Dies ist die Haltung des Menschen vor Gott, die nötig ist, um in sein Reich zu kommen und es empfangen zu können.

2. „Ich preise dich, Vater, Herr des Himmels und der Erde, weil du all das den Weisen und Klugen verborgen, den *Unmündigen* aber offenbart hast" (Mt 11,25).

Kleinsein: Der griechische Ausdruck, der hier

mit „unmündig" wiedergegeben ist, meint die Säuglinge, die ganz Kleinen, die noch nicht sprechen können. So besagt dieser Vers, daß die göttliche Offenbarung an Menschen ergeht, die sich nicht einmal selbst zum Ausdruck bringen können. Nicht denen, die glauben, viel zu wissen, über Kultur und Bildung zu verfügen und von niemand etwas lernen zu müssen, sind die Geheimnisse Gottes offenbart, sondern vorzugsweise denen, die wissen, daß sie alles zu empfangen haben.

3. „Auf die Niedrigkeit seiner Magd hat er geschaut ... Er stürzt die Mächtigen vom Thron und erhöht die *Niedrigen*" (Lk 1,48.52); „Viele, die jetzt die Ersten sind, werden dann die Letzten sein, und die Letzten werden die Ersten sein" (Mt 19,30).

Wer den ersten Platz beansprucht, wer sich wichtig macht auf Kosten anderer, kann sich nicht zu den Menschen zählen, die von Gott besonders geliebt sind. Gott hat eine Vorliebe für Menschen, die im Vertrauen auf ihn ihre Situation annehmen, auch wenn sie keine brillante Stellung innehaben; er bevorzugt Menschen, die wissen, daß er allein groß ist, ungleich größer als jeder Mensch, und sich in seine Hand geben.

Der Herr möchte, daß wir in einer Haltung innerer Offenheit für sein Geheimnis leben und einfach werden: frei von Stolz auf unseren Besitz, fähig, Gott zu vertrauen, uns ihm zu überlassen und ihn zu erwarten. Ein Beispiel dafür kann uns Maria

sein, die bei der Verkündigung Ja sagt zu dem Großen, das Gott mit ihr vorhat. Und vor allem Jesus,
der sich in den verschiedensten Momenten seines
irdischen Lebens als „freundlich und von Herzen
demütig" erwiesen hat.

Es ist wichtig, daß wir uns nicht in dem anma-
ßenden Glauben wiegen, schon alles über Gott,
über uns und über die anderen zu wissen. Man-
cherlei Gedanken können uns überkommen, die
uns daran hindern, arm vor Gott zu sein: „Ich ken-
ne das alles; ich habe es nicht nötig, belehrt zu werden; ich komme selbst zurecht ..." Die Seligpreisungen, ja die ganze Botschaft des Evangeliums
brandmarken die Haltung des Satten und Uner-
sättlichen, der seine Befriedigung in immer mehr
Besitz, Macht, Vergnügen und Bequemlichkeit
sucht und nicht merkt, daß er innerlich abstumpft,
daß er leer und kalt ist, ohne tiefe Gefühle, ohne
Menschlichkeit, ohne Glauben und Hoffnung.

Nur wenn unser Herz demütig ist, wenn wir
uns bewußt sind, daß wir alles von Gott erwarten
müssen, kann Gott so bei uns ankommen, wie er es
möchte.

CONTEMPLATIO:
JESUS AM KREUZ UND UNSERE ARMUT

Betrachten wir Jesus am Kreuz: Er, der Sohn Gottes, hat für uns die größte Armut auf sich genom-
men. Freiwillig hat er sich erniedrigt und sich in

die Gewalt der Menschen gegeben, sich uns ausge-
liefert:

> „Er war Gott gleich,
> hielt aber nicht daran fest, wie Gott zu sein,
> sondern er entäußerte sich
> und wurde wie ein Sklave
> und den Menschen gleich.
> Sein Leben war das eines Menschen;
> er erniedrigte sich
> und war gehorsam bis zum Tod,
> bis zum Tod am Kreuz."
> (Phil 2,6-8)

Der Blick auf ihn wird zur Anfrage an unser eige-
nes Leben. Folgende Fragen könnten wir uns stellen:

– Welche Ansprüche erhebe ich? Bin ich einer, der
sich gern bedienen läßt? Welche Erwartungen stelle ich – zu Hause, im Büro, bei der Arbeit? Beginne
ich zu kritisieren, sobald etwas nicht nach meinen
Vorstellungen verläuft?

– Bin ich fähig, gelegentlich auf etwas zu verzich-
ten und bewußt einfach zu leben?

– Wie reagiere ich in jenen unumgänglichen Augenblicken, in denen von mir in irgendeiner Weise
verlangt wird, die Armut zu leben? Auch dem
Reichsten bleibt es nicht erspart, zu erfahren, was
Armut ist: Jeder Mensch macht die Erfahrung der

eigenen Grenzen und Ohnmacht, etwa wenn er von einer Krankheit getroffen wird. Manchmal bringen uns solche Umstände aus dem Gleichgewicht, wir winden uns und verpassen die Chance, diese Momente bewußt als Teilhabe am Schicksal eines Großteils der Menschheit zu durchleben. So versäumen wir die Gelegenheit, in neuer Offenheit und Verfügbarkeit hinzuhören auf Jesu Botschaft.

Wir können viele kleine Zeichen der Armut setzen: uns Zeit für einen anderen nehmen, jemanden einen Dienst tun, auch wenn wir den Eindruck haben, daß es nicht nötig wäre; Augenblicke des Wartens bewußt leben: das Stehen in der Kälte, während wir auf den Bus oder die U-Bahn warten, das Schlangestehen am Schalter, die Stunden im Wartezimmer beim Arzt oder auf Ämtern ... Wenn wir uns vielleicht auch zu recht über die Langsamkeit der Bürokratie ärgern, sollten wir doch nicht zulassen, daß sich in unserem Herzen Verbitterung festsetzt. Wenden wir uns in Situationen, die uns zuwider laufen oder in denen uns etwas abgeht, an den Herrn:

Herr,
nun habe ich ein wenig teil an deiner Armut.
Ich merke, daß ich nicht alles sofort haben kann.
Wieviel nehme ich als selbstverständlich hin.
Doch ich weiß: Alles empfange ich von dir;
von dir will es annehmen.

– Unser Beten ist ein weiterer Prüfstein, inwieweit wir von der ersten Seligpreisung durchdrungen sind: Vermag ich wie ein Armer zu beten? Bitte ich Gott um seine Gnade, Vergebung und Barmherzigkeit, um das Kommen seines Reiches? Wenn wir so beten lernen, werden wir eine tiefe Dankbarkeit empfinden.

Ich danke dir, Herr,
für die Seligpreisung derer, die arm sind vor dir.
Ich danke dir,
daß du auch mir dein Reich verheißt.

Selig die Trauernden

Die meisten Seligpreisungen bei Matthäus beziehen sich auf Haltungen oder Verhaltensweisen eines Menschen: Armut vor Gott, Milde, Barmherzigkeit, Frieden-Stiften, Reinheit des Herzens, Hunger und Durst nach Gerechtigkeit. Doch in einigen sind Situationen angesprochen, die nicht direkt vom einzelnen abhängen. Es handelt sich um Umstände und Gegebenheiten, die von außen auf ihn zukommen, unter denen er leidet und die er nur annehmen kann. So ist es mit der Seligpreisung der Trauernden, derer, die Leid tragen. In aller Regel liegt es nicht in unseren Händen, ob wir bekümmert sind oder nicht. Es geschieht, auch wenn wir es nicht wollen; es hängt mit Gegebenheiten zusammen, an denen wir womöglich völlig unschuldig sind. Zahllose Frauen, Männer und Kinder in aller Welt leiden, ohne etwas dafür zu können.

Die Frage liegt nahe: Wie kann etwas, das uns trifft, das weh tut und uns Kummer bereitet, Anlaß einer Seligpreisung, Quelle von Glück und Freude sein? Diese ernste, wichtige Frage führt zu einer weiteren: Müssen wir Leid und Kummer passiv annehmen oder können wir sie aktiv in einer positiven Weise leben?

Zunächst fragen wir, was der biblische Vers meint: Was bedeutet „die Trauernden"? Und warum werden diese Menschen „selig" genannt? Worin besteht der verheißene Trost?

LECTIO:
„SELIG DIE TRAUERNDEN"

So lautet die geläufigste Übertragung, die wir auch in der Einheitsübersetzung finden. In freieren Übertragungen heißt es: „Selig, die Leid tragen" oder „Selig, die bekümmert sind". Das griechische Wort *penthountes* umfaßt sowohl den Kummer wie die Trauer; man denkt an die Totenklage, an die Tränen über den Tod eines lieben Menschen. So heißt es in der lateinischen Bibel, der *Vulgata*: *Beati, qui lugent,* „Selig, die (unter lautem Klagen) trauern". *Penthountes* bezieht sich auf alle Situationen, die Schmerz, Leiden, Bitterkeit und innere Qual hervorrufen.

Ein alttestamentlicher Text stellt das Trauern in einen sehr umfassenden Zusammenhang:

„Der Geist Gottes, des Herrn, ruht auf mir;
denn der Herr hat mich gesalbt.
Er hat mich gesandt, damit ich den Armen
eine frohe Botschaft bringe
und alle heile, deren Herz zerbrochen ist,

30

damit ich den Gefangenen die Entlassung
verkünde
und den Gefesselten die Befreiung, (...)
damit ich alle Trauernden tröste,
die Trauernden Zions erfreue."
(Jes 61,1-3)

Zweimal spricht der Prophet von „Trauernden"; er
stellt sie neben die Armen, die Bedrückten und
Niedergeschlagenen, deren Herz zerbrochen ist,
die Gefangenen und Gefesselten. Dann fährt er
fort:

(Der Herr hat mich gesandt, damit ich)
„ihnen Schmuck bringe anstelle von Schmutz,
Freudenöl statt Trauergewand,
Jubel statt der Verzweiflung."
(Jes 61,3)

Die Trauernden werden hier mit Menschen vergli-
chen, die einen Todesfall beklagen, mit Menschen,
die innerlich verzweifelt sind. Wir können in den
„Trauernden", von denen Jesus in der zweiten Seligpreisung spricht, all jene sehen, denen Unglück
widerfahren ist, die im eigenen Leben Schmerz erfahren haben oder unter schmerzlichen sozialen,
politischen und religiösen Verhältnissen leiden. Bezeichnend für Letzteres ist Tobits Gesang über das
zerstörte Jerusalem:

„Wohl denen, die betrübt waren
über deine harten Strafen;
denn sie werden sich über dich freuen,
wenn sie all deine Herrlichkeit sehen."
(Tob 13,16)

Tobits Botschaft lautet: Wer unter schlimmen politischen und gesellschaftlichen Verhältnissen leidet,
wird eines Tages lachen und jubeln können; die
Lage wird sich von Grund auf ändern. Eine Ahnung von dieser Hoffnung haben uns die politischen Veränderungen in Osteuropa vermittelt, als
sich die Niedergeschlagenheit vieler Menschen zumindest anfänglich in Freude über die wiederge-
wonnene Freiheit wandelte.

Auch in vielen neutestamentlichen Texten ist direkt oder indirekt von Trauer die Rede:
Jesus selber ist die Trauer nicht fremd: Im Lukasevangelium wird berichtet, wie Jesus über Jerusalem, das den Weg des Friedens nicht begriffen
hat, weint („Als er ... die Stadt sah, weinte er über
sie und sagte: Wenn doch auch du an diesem Tag
begriffen hättest, was dir Frieden bringt", Lk
19,41). Am Grab seines Freundes Lazarus bricht er
in Tränen aus (vgl. Joh 11,35); er weint, weil er „im
Innersten erregt und erschüttert" (Joh 11,33) ist.
Der Dienst des Apostels Paulus ist durchzogen
von Zeiten großen Leids: „Ihr wißt, (...) wie ich
dem Herrn in aller Demut diente unter Tränen und

vielen Prüfungen, die ich durch die Nachstellungen der Juden erlitten habe" (Apg 20,18-19). „Drei Jahre lang (habe ich) Tag und Nacht nicht aufgehört (...), unter Tränen jeden einzelnen zu ermahnen" (Apg 20,31).

Das Neue Testament kennt ferner die Trauer über die eigenen Sünden, das Bedauern über Vorgefallenes, das zur Buße führt. Ein Beispiel für diese Art von Trauer ist die Reaktion des Petrus, nachdem er seinen Meister verleugnet hat und sich seiner Schuld bewußt wird: „Er ging hinaus und weinte bitterlich" (Lk 22,62). Trauer kann zum Sinneswandel und letztlich zur Freude führen. So schreibt Paulus im Zweiten Brief an die Korinther: „Daß ich euch mit meinem Brief traurig gemacht habe, tut mir nicht leid. Wenn es mir auch eine Weile leid tat – ich sehe ja, daß dieser Brief euch, wenn auch nur für kurze Zeit, traurig gemacht hat –: jetzt freue ich mich, nicht weil ihr traurig geworden seid, sondern weil die Traurigkeit euch zur Sinnesänderung geführt hat" (2 Kor 7,8-9). Jakobus unterstreicht die Notwendigkeit der Buße: „Reinigt die Hände, ihr Sünder, läutert euer Herz, ihr Menschen mit zwei Seelen! Klagt und trauert und weint! Euer Lachen verwandle sich in Trauer, eure Freude in Betrübnis. Demütigt euch vor dem Herrn; dann wird er euch erhöhen" (Jak 4,8-10).

Die christliche Tradition hat in der Rezeption der zweiten Seligpreisung im Matthäusevangelium vor allem diese Trauer des reuigen Sünders und

Büßers herausgestellt; viele Heilige haben die Sünden ihres früheren Lebens und die Sünden der ganzen Menschheit beweint.

Die Seligpreisung der Trauernden erwächst aus der Kontemplation des unendlichen Geheimnisses Gottes und zugleich aus der mitfühlenden Betrachtung menschlicher Schwäche und Gebrochenheit, aus der Betroffenheit über die Widersprüche, denen der Mensch in der Geschichte ausgesetzt ist. Die Trauernden werden nicht wegen der Trauer als solcher glücklich gepriesen, sondern weil sie, wenn sie diese Trauer in einer positiven Haltung leben, Trost erfahren werden.

„... DENN SIE WERDEN GETRÖSTET WERDEN"

Das Passiv „... sie werden getröstet werden" ist auszulegen als eine Umschreibung von: „Gott wird sie trösten". In der oben zitierten Jesajastelle begegnen uns neben Synonymen für Trauer auch eine Reihe von Wörtern, die das Getröstet-Werden inhaltlich weiter füllen:

„Der Geist Gottes, des Herrn, ruht auf mir (...)
Er hat mich gesandt, (...)
damit ich alle Trauernden tröste,
die Trauernden Zions erfreue,
ihnen Schmuck bringe anstelle von Schmutz,
Freudenöl statt Trauergewand,
Jubel statt der Verzweiflung." (Jes 61,1-3)

Der Trost erscheint als Freude und Jubel über ein glückliches Ende: Das Herz ist voll davon; die Wogen der Trauer sind geglättet, das Leid ist überwunden. „Ich werde die Trauernden trösten", spricht der Herr durch den Mund des Propheten. Im Buch Jesus Sirach wird in Erinnerung an Jesaja gesagt: „Mit großer Geisteskraft schaute er die Zukunft und tröstete die Trauernden in Zion" (Sir 48,24).

Auch in mehreren neutestamentlichen Stellen ist die Rede von Gottes tröstendem Wirken.

In herrlichen Worten beschreibt die Offenbarung des Johannes, wie Gott die Menschen tröstet: „Sie werden keinen Hunger und keinen Durst mehr leiden, und weder Sonnenglut noch irgendeine sengende Hitze wird auf ihnen lasten. Denn das Lamm in der Mitte vor dem Thron wird sie weiden und zu den Quellen führen, aus denen das Wasser des Lebens strömt, und Gott wird alle Tränen von ihren Augen abwischen" (Offb 7,16-17).

Der Autor wiederholt diese Gewißheit in den Schlußkapiteln des Buches: „Er, Gott, wird bei ihnen sein. Er wird alle Tränen von ihren Augen abwischen: Der Tod wird nicht mehr sein, keine Trauer, keine Klage, keine Mühsal. Denn was früher war, ist vergangen" (Offb 21,3-4). „Es wird nichts mehr geben, was der Fluch Gottes trifft. Der Thron Gottes und des Lammes wird in der Stadt stehen, und seine Knechte werden ihm dienen. (...)

Es wird keine Nacht mehr geben, und sie brauchen weder das Licht einer Lampe noch das Licht der Sonne. Denn der Herr, ihr Gott, wird über sie leuchten, und sie werden herrschen in alle Ewigkeit" (Offb 22,3-5).

Menschen, die weinen, die bedrückt sind wegen ihrer und ihrer Brüder Sünden; Menschen, deren Herz zerbrochen ist unter dem schmerzlichen Widerspruch zwischen Wunsch und Wirklichkeit: zwischen dem Wunsch nach der Fülle des Gottesreiches, nach Leben und Frieden und dem Anblick des Todes, der uns umgibt; Menschen, die leiden unter den Mißständen in der Gesellschaft, unter Korruption, unter den schlechten Sitten in der Politik und unter dem Leid vieler Völker – all diese Menschen werden getröstet werden. Gott wird alle Tränen von ihren Augen abwischen und ihr Trost sein: So beschreibt die Bibel das endgültige Kommen der Fülle des Gottesreiches, in dem jedes Leid, jede Trauer entschwinden wird.

MEDITATIO: UNSERE NÖTE UND TRÖSTUNGEN

Wenn wir nach der Bedeutung der Seligpreisung der Trauernden in unserem alltäglichen Leben fragen, empfiehlt es sich, daß wir uns zunächst unserer Nöte und Tröstungen bewußt werden.

Worunter leiden wir? Worüber weinen wir? Was sind die Ursachen unserer Tränen und Traurigkeit? – Viele werden antworten: Ich habe ein

36

ganz persönliches, verborgenes Leid zu tragen. Manches Leid ist sichtbar: eine Krankheit, der Verlust eines lieben Freundes ... Doch noch tiefer, belastender und quälender kann inneres Leid sein. Gelegentlich sehen wir um uns derart schmerzliche, bedrückende Situationen, daß wir am liebsten weinen möchten. Wie viele Tränen werden in einer Familie vergossen, weil sich das eine oder andere Familienmitglied in Schwierigkeiten befindet, weil die Beziehung untereinander nicht mehr stimmt oder gar in die Brüche gegangen ist.

Vielleicht leiden wir unter den vielen schmerzlichen Gegebenheiten in unserer Gesellschaft, unter der sich ausbreitenden Gewalt, unter den Anschlägen auf das Leben, unter den Abtreibungen und dem Drogenkonsum, unter unkorrektem Verhalten in der Politik, unter dem Schwinden moralischer Werte ... Oft und zu recht sind wir schmerzlich berührt von Mißständen in der Kirche, die nicht immer ist, wie sie sein müßte, die nicht immer das Geheimnis Christi bezeugt, sondern Mittelmaß, Streitereien, Neid und Eifersüchteleien darbietet.

Dies alles ruft Leiden und Klagen hervor. Es verwundert nicht, daß die Heilige Schrift ein ganzes Buch den Klageliedern gewidmet hat. Man hat es dem Propheten Jeremia zugeschrieben und als Ausdruck seines persönlichen und des Leids in der Gesellschaft verstanden. Das Buch beginnt mit einer Umschreibung der verheerenden Zustände in der Stadt:

„Weh, wie einsam sitzt da
die einst so volkreiche Stadt.
Einer Witwe wurde gleich
die Große unter den Völkern.
Die Fürstin über die Länder
ist zur Fron erniedrigt.
Sie weint und weint des Nachts,
Tränen auf ihren Wangen.
Keinen hat sie als Tröster."
(Klgl 1,1-2)

Danach leitet der Verfasser über zur Beschreibung
seiner persönlichen Situation, die freilich auch ein
Bild für die der Stadt als ganzer sein kann:

„Ich bin der Mann, der Leid erlebt hat
durch die Rute seines Grimms.
Er hat mich getrieben und gedrängt
in Finsternis, nicht ins Licht.
Täglich von neuem kehrt er die Hand
nur gegen mich.
Er zehrte aus mein Fleisch und meine Haut,
zerbrach meine Glieder,
umbaute und umschloß mich
mit Gift und Erschöpfung.
Im Finstern ließ er mich wohnen
wie längst Verstorbene.
Er hat mich ummauert,
ich kann nicht entrinnen.
Er hat mich in schwere Fesseln gelegt.

Wenn ich auch schrie und flehte,
er blieb stumm bei meinem Gebet.
Mit Quadern hat er mir den Weg verriegelt,
meine Pfade irregeleitet."
(Klgl 3,1-9)

Es ist ein Klage-Gebet, ausgerufen vor Gott. Die Bibel lehrt uns, daß das Klagen vor dem Herrn nicht nur statthaft ist, sondern sogar gesund und reinigend sein kann. Vielleicht haben wir bislang zu wenig den Wert, die stärkende, tröstende Wirkung entdeckt, die ein demütiges Klage-Gebet besitzt.

Worin finden wir Trost, was sind unsere Tröstungen?

An Trost fehlt es wohl keinem Christen, sofern er nur ernsthaft über den Glauben, aus dem er leben darf, nachdenkt. Finden wir Trost in der Hoffnung auf das Große, das Gott uns bereitet? Können wir mit Paulus sagen: „Ich bin überzeugt, daß die Leiden der gegenwärtigen Zeit nichts bedeuten im Vergleich zu der Herrlichkeit, die an uns offenbar werden soll" (Röm 8,18)?

Paulus möchte uns zu verstehen geben, daß das eine zum anderen in keinem Verhältnis steht: Gewiß, wenn er an das Leiden dieses Lebens denkt, fühlt er sich niedergeschlagen; doch beim Gedanken an die zukünftige Herrlichkeit, die all dies aus dem Weg räumt und wiedergutmacht, ist sein Herz übervoll an Freude. Der erste große Trost ist die christliche Hoffnung.

Doch dem Christen bleibt nicht nur die Hoffnung auf Künftiges: Wer leidet und sich demütig ganz auf Gott verläßt, wer bedrückt ist, auch durch seine eigenen Sünden, und Buße tun möchte, erfährt schon hier Trost in der Begegnung mit Gott, der ihn besucht. Im geistlichen Schrifttum ist die Rede von den „inneren oder geistlichen Tröstungen". Es handelt sich um Momente, in denen wir unverhofft von einem inneren Licht erleuchtet werden, tiefen Frieden und Stärkung erfahren. Wir fühlen eine Geborgenheit, die manche bittere Erfahrung als geringen, unscheinbaren Preis erscheinen läßt. In diesen Augenblicken ist das Dunkel von einer heiteren Gelassenheit begleitet, und wir erahnen, wir spüren, daß Gott uns nahe ist und uns allem Anschein zum Trotz an der Hand hält. Solche Tröstungen werden besonders den Menschen zuteil, die oft und in Liebe die Passion Jesu Christi betrachten.

Abschließend eine Frage, die sich jeder stellen kann: Wende ich mich mit meinem Klagen an Gott, bevor ich mich vor anderen beklage?

Wenn uns etwas in die Quere kommt, lassen wir oft unseren Unmut vor dem Nächstbesten, der uns begegnet, ab. Warum sollten wir nicht lernen, uns zunächst Gott gegenüber zu beklagen, im Glauben und im Gebet, so wie die Propheten es getan haben und die Heiligen, so wie die Psalmen es uns lehren? Wenn wir den Psalter aufschlagen, werden wir ohne langes Suchen einen Psalm finden, der uns die rechten Worte der vom Glauben getragenen Klage in den Mund legt. Diese Worte verhindern, daß unsere Verbitterung zunimmt, sie wirken befreiend und helfen uns, allmählich hinzufinden zu dem Trost, den Gott uns gibt. Dann wird es uns gelingen, Gott unsere Beschwernisse und Nöte in aller Ruhe darzulegen, ohne Grimm und Bitterkeit, sondern in innerem Frieden und Demut. Wir werden uns manches unnützes Leid ersparen und erfahren, wie sich die Verheißung göttlicher Tröstung an uns erfüllt.

Selig die Sanftmütigen

Die dritte Seligpreisung betrifft die „Sanftmut". Dieses Wort steht heute nicht hoch im Kurs; es ist wenig gebräuchlich, und oft hat es einen negativen Beigeschmack: Man denkt an Schwäche und vorschnelles Nachgeben, vielleicht auch an eine Form von unbeirrbarem Gleichmut, der die Frage aufwirft, ob sich hinter einer freundlichen Fassade nicht kühle Berechnung verbirgt. „Sanftheit" verbindet man gelegentlich mit Personen, die sich leicht hinters Licht führen lassen und es nie schaffen, gut davonzukommen.

LECTIO: DIE SANFTMÜTIGEN

„Selig die Sanftmütigen (Selig, die keine Gewalt anwenden); denn sie werden das Land erben" (Mt 5,5).

Das griechische Wort *praeis* wird unterschiedlich übersetzt: Anstelle der traditionellen, wörtlichen Übertragung mit „die Sanftmütigen" finden sich in neueren Bibelausgaben Formulierungen wie „Selig, die keine Gewalt anwenden" (so in der Einheitsübersetzung) oder „... die behutsam und freundlich sind" (Jörg Zink). Auch mit „Selig die Unterjochten" hat man den Ausdruck wiederzugeben versucht. Die Bandbreite dieser Deutungen zeigt, wie schwierig es ist, den Sinn des Originaltextes zu erfassen. Dies hängt unter anderem damit zusammen, daß Matthäus der einzige Evangelist ist, der das Wort *praeis* gebraucht.

Von den „Sanftmütigen" ist auch in Psalm 37 die Rede. Es ist ein sogenannter alphabetischer Psalm, dessen Verse der Reihe nach mit den Buchstaben des hebräischen Alphabets beginnen. Unter dem Buchstaben *Vau* heißt es:

> „Eine Weile noch,
> und der Frevler ist nicht mehr da;
> schaust du nach seiner Wohnung –
> sie ist nicht mehr zu finden.
> Doch die Sanftmütigen
> werden das Land bekommen,
> sie werden Glück in Fülle genießen."
> (Ps 37,10-11)

Die Übersetzung des Begriffs, der hier mit „die Sanftmütigen" wiedergegeben ist, bereitet Schwierigkeiten. Denn das Hebräische ist keine „technische" Sprache, in der jeder Begriff eine möglichst präzise Bedeutung hat und einen festumrissenen Sachverhalt bezeichnet. Oft wird durch die parallele Nennung von verwandten Begriffen eine Art Gesamteindruck vermittelt. Die alttestamentlichen Texte geben uns lediglich eine vage Vorstellung, was mit den „Sanftmütigen" gemeint ist.

Im Neuen Testament findet sich das Wort mehrfach bei Matthäus: Neben der Stelle in den Seligpreisungen verwendet er es im 11. Kapitel: „Lernt von mir; denn ich bin sanftmütig und von Herzen demütig" (Mt 11,29). Ausgehend von diesem Wort Jesu, der sich die Milde oder Sanftmut als *sein* Kennzeichen zuspricht, ist das in der Volksfrömmigkeit geläufige Stoßgebet entstanden: „O du milder und gütiger Jesus, bilde mein Herz nach deinem Herzen."

Im 21. Kapitel, in der Erzählung vom Einzug Jesu in Jerusalem, greift der Evangelist die Weissagung des Propheten Sacharja auf:

„Sagt der Tochter Zion:
Siehe, dein König kommt zu dir.
Er ist sanftmütig."
(Mt 21,5)

Der Vergleich mit der zugrundeliegenden alttestamentlichen Stelle zeigt, daß Matthäus die Sanftmut als die grundlegende Tugend dieses Königs betrachtet: „Siehe, dein König kommt zu dir. Er ist gerecht und hilft; er ist sanftmütig" (Sach 9,9). Der Evangelist hat nur das dritte Attribut übernommen: In der Sanftmut sieht er die hervorstechende Eigenschaft Jesu. Wie gesagt, findet sich dieses Wort in keinem anderen Evangelium; das Matthäusevangelium ist das Evangelium der Sanftmut.

Paulus stellt die Sanftmut als Haltung des vollkommenen Christen, ja als Haltung Christi selbst, des vollkommenen Menschen, heraus. Im Zweiten Korintherbrief ermahnt der Apostel die Gläubigen „angesichts der Freundlichkeit und Sanftmut (Güte) Christi" (2 Kor 10,1). Im Galaterbrief wird die Sanftmut als Frucht des Heiligen Geistes im Leben des Christen verstanden; sie bezeichnet die Milde, Mäßigung, Güte und Geduld mit den anderen (vgl. Gal 5,22). Im Epheser- (4,32) und Kolosserbrief (3,12) wird sie als eine Verhaltensweise dargestellt, die aus der christlichen Berufung erwächst, sie ist das „Kleid" des neuen Menschen in Christus.

Ein weiterer neutestamentlicher Beleg findet sich im Ersten Petrusbrief. Der Verfasser wendet sich an die Frauen mit den Worten: „Nicht auf äußeren Schmuck sollt ihr Wert legen, auf Haartracht, Gold und prächtige Kleider, sondern was im Herzen verborgen ist, das sei euer unvergänglicher Schmuck: ein sanftes und ruhiges Wesen. Das ist wertvoll in Gottes Augen" (1 Petr 3,3-4). Die Sanftheit oder Sanftmut gilt ihm als wichtiger „Schmuck", als die Zierde des Menschen; sie ist sehr viel kostbarer als noch so wertvolle Schmuckstücke und Edelsteine.

Versuchen wir nun die Bedeutung der dritten Seligpreisung klarer zu fassen. Die oben genannten Übersetzungsvorschläge können die Frage aufwerfen, ob *praeis* auf eine unvorteilhafte gesellschaftliche Situation anspielt (die Unterjochten, die Armen und Benachteiligten) oder eine innere Haltung meint (jene, die nicht bereit sind, Gewalt anzuwenden, die Demütigen, die nicht überheblich sind, sondern eventuelle Macht maßvoll ausüben und ihre Pflichten nicht verletzen).

Meines Erachtens gehört zum rechten Verständnis der „Sanftmut" die Fähigkeit zu unterscheiden, in welchem Bereich es legitime Machtausübung gibt und wo auf jede Machtausübung verzichtet werden muß. Sanftmut ist die praktizierte Erkenntnis, daß in den zwischenmenschlichen Beziehungen, welche die eigentlich menschliche Ebene der Existenz darstellen, kein Raum ist für Zwang und Gewalt, sondern daß Überzeugung und die Wärme der Liebe wirksamer sind.

Sanftmütig im Sinne der Bergpredigt ist ein Mensch, der – auch wenn er starke Emotionen und Gefühle kennt – doch flexibel, offen und innerlich frei bleibt, der stets den höchsten Respekt vor der Freiheit des anderen bewahrt. Darin ahmt er Gott nach, der alles im größten Respekt für den Menschen wirkt und den Menschen zu Gehorsam und Liebe bewegt, ohne je Gewalt auf ihn auszuüben.

Die Sanftmut stellt sich jeder Form äußerer und moralischer Gewaltausübung entgegen; sie ist der Sieg des Friedens über den Krieg, des Dialogs über die Überrumpelung und Unterdrückung des anderen. Treffend hat der bekannte Exeget Pater Jacques Dupont festgestellt: „Die Sanftmut, von der in der Bergpredigt die Rede ist, ist nichts anderes als jener Aspekt der Demut, der sich in Freundlichkeit in der Beziehung zum Nächsten äußert. Eine solche Sanftmut wird ansichtig und findet ihr vollkommenes Modell in der Person Jesu, der sanftmütig und demütig von Herzen ist. Im Grunde erscheint uns diese Sanftmut als eine Form der Liebe, die geduldig ist und sich durch feinfühlige Aufmerksamkeit den anderen gegenüber auszeichnet."

Von daher wird verständlich, warum Jesus den Sanftmütigen verheißt, sie würden das Land erben. Dieses Erbe ist gewiß das Land der Heiligen im Himmel, aber es hat hier und heute einen Widerschein auf der Erde, die dazu bestimmt ist, von der Kraft des Gottesreiches in uns gestaltet zu werden.

Durch Verzicht auf Rache, durch Verzicht auf Unterdrückung und Gewaltausübung findet der Christ in jeder Lage einen Weg, der Barmherzigkeit und der Wahrheit Raum zu verschaffen und der Gesellschaft ein neues Antlitz zu geben. Die evangeliumsgemäße Mentalität der Sanftmut kann im einzelnen selbstverständlich nur allmählich heranreifen, und noch langsamer reift sie in der Erfahrung der Völker. Man muß viele Prüfungen, bittere Enttäuschungen und Niederlagen durchgestanden haben, um zu verstehen, daß jede Art von Gewalt, auch moralische und ideologische Gewaltausübung, am Ende auf der Verliererstraße steht.

MEDITATIO: GEWALT ZAHLT SICH NICHT AUS

Drei Denkanstöße mögen helfen, die bleibende Botschaft dieses Wortes Jesu zu erfassen.

1. Mit der Seligpreisung der Sanftmütigen verurteilt Jesus eindeutig jede Form von Gewaltausübung. Gewalt zahlt sich nicht aus. Die Entwicklungen in Osteuropa haben uns vor Augen geführt, daß eine Unterdrückung, auch wenn sie Jahre dauert, nicht ewig Bestand haben kann. Die Gewalttätigen, die ihre Ziele durchdrücken wollen und sich in dieser Welt glücklich wähnen, sind in Wahrheit unselige Menschen; denn ihre Macht ist bereits an der Wurzel brüchig. Sie gleichen einem zerbrechlichen Tongefäß, das fällt und in Stücke geht.

2. Die Botschaft Jesu fördert den Mut zur Gewaltlosigkeit. Die Kirchenväter, welche die Seligpreisungen der Bergpredigt ausführlich kommentiert haben, verstehen die Sanftmut als Verzicht auf Gewalt, auf Rache und rachsüchtige Gedanken.

3. Wichtig ist, den Geist des Friedens in *allen* Situationen zu pflegen. In der Familie beispielsweise heißt Sanftmut, die anderen anzunehmen, ihnen Freund zu werden, echte Beziehungen aufzubauen, Einvernehmen zu suchen. Sanftmut beinhaltet auch den Glauben an die umwandelnde Kraft der Freundschaft.

Stellen wir uns vor den Gekreuzigten und bitten wir ihn, unser Herz dem seinen ähnlich zu machen. Selbst als es um sein Leben ging, hat er Gewalt nicht mit Gewalt beantwortet. Mehr noch: Am Kreuz bat er für die, die ihm Gewalt angetan haben, um Verzeihung: „Vater, vergib ihnen, denn sie wissen nicht, was sie tun" (Lk 23,34). Wenn wir dies bedenken, wenn wir den Gekreuzigten betrachten, werden wir sehr viel mehr über Sanftmut und Gewaltverzicht lernen als durch die Lektüre aller diesbezüglichen Abhandlungen.

Bitten wir Jesus auch, er möge nicht zulassen, daß wir den Prüfungen ausweichen. Sanftmütig werden wir, wenn wir gerade in bitteren Enttäuschungen und Niederlagen darauf vertrauen, daß wir in Gottes Händen sind. Wir dürfen uns ganz der Güte Gottes und der Langmut Christi überlassen.

Für die *actio*, das Handeln, möchte ich folgende Anregungen geben:

— In Diskussionen nicht immer das letzte Wort haben wollen.

Manchmal wollen wir uns einfach nicht damit abfinden, daß ein anderer das Gespräch beschließt. Wir könnten lernen, an einem gewissen Punkt zu schweigen und demütig zuzulassen, daß ein anderer einmal die Oberhand behält. Was haben wir schon zu verlieren, wenn wir uns einmal nicht durchsetzen?

– Böses nicht mit Bösem vergelten.
Unter dem „Bösen" verstehe ich nicht nur physische Gewalt, sondern auch jene kleinen Bosheiten, die uns manchmal treffen und auf die wir unsererseits mit Seitenhieben zu antworten versucht sind. Auch Verdächtigungen oder beleidigende Anspielungen möchten wir meist mit gleicher Münze zurückzahlen. Dies alles verstößt gegen die christliche Sanftmut, gegen die friedliche Gesinnung, gegen die wahre Demut; es umnebelt unser Herz, belastet den Geist, füllt die Phantasie mit wirren, düsteren Gedanken und hindert am Beten.
Oftmals haben unsere Schwierigkeiten zu beten gerade hierin ihren Grund. Es gelingt uns nicht recht, weil wir uns eine boshafte Bemerkung nicht haben verkneifen können; wir haben uns vielleicht zu einem bissigen Kommentar oder einem überheblichen Urteil hinreißen lassen. Dies trübt die Beziehung zu Gott und versperrt uns den Weg, die Freude dieser Seligpreisung erfahren zu können.

– Aufmerksam sein gegenüber den Schwächsten, gegenüber denen, die von Natur aus „sanftmütig" sind, weil sie sich nicht verteidigen können.
Ich denke an die Älteren, die nicht mehr alleine zurechtkommen und die gelegentlich auf unsanfte

Weise „abgefertigt" werden; ich denke an die Ausländer, die oft einsam und verlassen sind und nicht selten bei der Arbeit ausgenutzt werden. Jesus lädt uns ein, solche beschämenden Verhaltensweisen abzulegen. Dabei dürfen wir uns nicht auf unsere Kräfte verlassen, sondern auf seine Gnade: *Er* ist der Sanftmütige und von Herzen Demütige. Wenn wir ihn betrachten, Jesus, der in der Eucharistie zu uns kommt, ihn, wie er am Kreuz hängt, werden wir daraus Frieden schöpfen. In ihm finden wir das Licht, die Gerechtigkeit und die messianischen Güter, die den Sanftmütigen verheißen sind.

Selig, die hungern und dürsten nach der Gerechtigkeit

Besonders betroffen machen uns jene Seligpreisungen, die einen krassen Widerspruch beinhalten:
Selig die Armen, die Leidtragenden, die Hungernden ... Ausgerechnet Situationen, die allgemein als
das Gegenteil von Wohlbefinden gelten, nimmt Jesus zum Anlaß, die Betroffenen glücklich zu preisen. Also nicht einmal Menschen, die grundlegende moralische Vorschriften erfüllten wie das Gebot, Vater und Mutter zu ehren, nicht zu stehlen,
nicht zu töten usw.

Die Seligpreisungen stellen eine geheimnisvolle
Wendung im Verständnis des Menschseins dar: eine Wende, in der wir den Übergang vom Haben
zum Sein, vom Sein zum Geben, vom Für-sich-
selber-haben-Wollen zum Dasein für andere erkennen können. Wenn es uns gelingt, die Dynamik
dieses Übergangs zu erfassen, der für den Menschen grundlegend ist, stoßen wir auf das Geheimnis Gottes und – damit verbunden – auf das des
Menschen: sich zu schenken.

LECTIO:

HUNGER UND DURST NACH DER GERECHTIGKEIT

„Selig, die hungern und dürsten nach der Gerechtigkeit; denn sie werden satt werden" (Mt 5,6).

Auch in diesem Fall ist es nicht leicht, die reiche
Bedeutung des griechischen Originals wiederzugeben. *Penontes kai dipsontes*, wörtlich „die Hungernden und Dürstenden", wird verschieden übersetzt;
so hat man versucht, die eigentliche Stoßrichtung
des Urtextes durch folgende Übertragung zu verdeutlichen: „Selig, die brennend wünschen, was
Gott will; denn Gott wird ihre Wünsche erfüllen."
Zum rechten Verständnis müssen wir unser Au-
genmerk auf die drei grundlegenden Begriffe dieses matthäischen Verses richten: Gerechtigkeit,
Hunger und Durst, Sättigung.

Das Wort „Gerechtigkeit", auf das wir in der Ein-
führung bereits kurz eingegangen sind, begegnet
uns noch an anderen Stellen der Bergpredigt: „Selig, die um der Gerechtigkeit willen verfolgt werden; denn ihnen gehört das Himmelreich" (Mt
5,10). „Darum sage ich euch: Wenn eure Gerechtigkeit nicht weit größer ist als die der Schriftgelehr-
ten und der Pharisäer, werdet ihr nicht in das Himmelreich kommen" (Mt 5,20). Im 6. Kapitel heißt es:
„Hütet euch, eure Gerechtigkeit vor den Menschen
zur Schau zu stellen; sonst habt ihr keinen Lohn
von eurem Vater im Himmel zu erwarten" (Mt

6,1). In einer freieren Übertragung heißt es: „Hütet euch, eure guten Werke vor den Menschen zur Schau zu stellen ...". Und schließlich heißt es in Vers 33: „Euch aber muß es zuerst um sein Reich und um seine Gerechtigkeit gehen; dann wird euch alles andere dazugegeben."

Der Begriff Gerechtigkeit wird zumindest in drei unterschiedlichen Bedeutungen verwendet. Vor allem bezeichnet er die „Gerechtigkeit Gottes", sein Angebot des endgültigen Heils an alle Menschen. Zweitens meint „Gerechtigkeit" die Gerechtigkeit des Menschen, seine „guten Werke": Beobachtung des Gesetzes, Almosen, ein moralisches, heiligmäßiges Leben. Schließlich kann auch die soziale Gerechtigkeit gemeint sein, rechte, gute Beziehungen unter den Menschen.

Diese drei Bedeutungen sind untereinander verbunden wie die Wurzel, die Blüte und die Frucht einer Pflanze: Die Wurzel ist die Gerechtigkeit Gottes. Er ist es, der uns gerecht macht; seine Gnade macht uns gerecht. Die Blüte sind die guten, dem Willen Gottes entsprechenden Werke. Die Frucht sind soziale Gerechtigkeit und Solidarität; es geht um jene Haltung der Liebe, die den Menschen nicht einzig auf die eigene Befriedigung und persönliche Interessen ausrichtet, sondern diese zurückstellt hinter das Engagement für das Leben und die Würde der ärmsten Brüder und Schwestern.

Welche dieser Bedeutungen ist angesprochen,

wenn vom Hunger und Durst nach Gerechtigkeit
die Rede ist? In der Heiligen Schrift kommt der
Ausdruck „Hunger und Durst" öfter vor, häufig
im unmittelbaren, wörtlichen Sinn: Jemand hat seit
längerem nichts mehr gegessen und braucht drin-
gend Nahrung; jemand ist in der Wüste, und wenn
er nicht bald Wasser bekommt, wird er sterben.
Hunger und Durst zeigen zwei Grundbedürfnisse
des Menschen; er ist von seiner leiblichen Verfas-
sung auf Nahrung und Flüssigkeit angewiesen, sie
sind lebensnotwendig für ihn.

Hunger und Durst haben wird somit zum aus-
drucksstarken Bild für einen nicht zu unterdrük-
kenden Wunsch, für ein Verlangen, das nicht ver-
drängt werden kann. In der Bibel wie in der Litera-
tur ganz allgemein bezeichnet „Hunger und Durst
haben" im metaphorischen Sinn ein tiefes Bedürfnis des Menschen, das befriedigt werden will.

Ein Beispiel für den Hunger im physischen Sinn
finden wir in Psalm 107:

Sie, „die Hunger litten und Durst,
denen das Leben dahinschwand, (...)
sie alle sollen dem Herrn danken
für seine Huld,
für sein wunderbares Tun an den Menschen,
weil er die lechzende Seele gesättigt,
die hungernde Seele
mit seinen Gaben erfüllt hat."
(Verse 6.8-9)

56

Der Psalmist erzählt von Menschen, die sich auf einer Reise verirrt haben und nichts zu essen und zu trinken haben. Der Herr zeigt ihnen den rechten Weg, eine Oase, wo sie ihren Hunger und Durst stillen können.

Im übertragenen Sinn ist vom Hunger in der Offenbarung des Johannes die Rede: „Sie werden keinen Hunger und keinen Durst mehr leiden, und weder Sonne noch irgendeine sengende Hitze wird auf ihnen lasten" (Offb 7,16). Offenbar ist in dem Vers auch der leibliche Hunger mitgedacht, doch indem er gestillt wird, werden alle Wünsche erfüllt, jede menschliche Bedürftigkeit überwunden, alles Leiden dieser Welt besiegt.

Im Kontext der Seligpreisungen ist mit „Hunger und Durst" ganz deutlich der brennende Wunsch nach einer Gerechtigkeit gemeint, die – auch wenn sie die Blüte und die Frucht, das heißt die guten Werke und die richtigen Beziehungen unter den Menschen einschließt – zur Wurzel führt: die Gerechtigkeit im Blick auf Gott, das Streben nach einem Leben, das durch seine Gnade ganz im Einklang mit dem göttlichen Willen steht. Wer nach dieser Gerechtigkeit hungert und dürstet, der wird – es kann nicht anders sein – vom Vater im Himmel gesättigt werden.

Jesu Worte werden für uns zur Einladung, uns für unser Leben das zu wünschen, was wesentlich ist. Wir denken an die Bitten des Vaterunser, das die Mitte der Bergpredigt darstellt: „Dein Reich komme, dein Wille geschehe" (Mt 6,10). Der Christ, ein jeder von uns, wird angestoßen, vor allem nach dem Willen Gottes zu hungern und zu dürsten und zu tun, was in den Augen des Herrn gut und gerecht ist. Dies schließt die Bitte ein, daß uns auch das materielle Brot gegeben werden möge, doch insbesondere ist es die Bitte um Wahrheit und Gerechtigkeit, damit sich das Reich der Liebe Gottes verwirklicht.

Als Anstoß für die persönliche Meditation kann ein Kommentar von Luigi Serenthà zur vierten Seligpreisung dienen. Aus seinen Worten scheint die große, unauslöschliche Sehnsucht des Menschen auf und ebenso die Antwort, die der Herr diesem Sehnen verheißen hat: „Selig, die danach hungern und dürsten, den Willen Gottes zu tun, das heißt jene, die sagen: Meine Nahrung, durch die mein Leben wächst, wie der Körper wächst, wenn er Speise und Trank bekommt, ist nicht mein eigener Wille, sondern der Wille Gottes. Ich habe Hunger nach Gott, ich habe Durst nach ihm; sein Wille ist der Bezugspunkt meiner Existenz. Ich vertraue mich Gott an. Er ist meine Freude, und was er mir offenbart, esse und trinke ich begierig, wie ein

Dürstender Wasser trinkt und ein Hungernder
Brot verschlingt."

Jesus selbst hat gesagt: „Meine Speise ist es, den
Willen dessen zu tun, der mich gesandt hat" (Joh
4,34). Menschen, die in Jesus und durch ihn so zu
leben versuchten, können uns helfen zu verstehen,
was das bedeutet: Es sind die Heiligen, die Hunger
und Durst hatten nach dem göttlichen Willen und
„gesättigt" wurden. Sie haben einen tiefen inneren
Frieden erfahren und wurden überreich beschenkt.
Ein Beispiel ist Maria, die Mutter Jesu, die ja gesagt
hat zu dem, was Gott mit ihr vorhatte.

Maria, du wolltest, daß der Wille Gottes
sich an dir erfüllt.
Du sprachst: „Mir geschehe nach deinem Wort."
Du hattest Hunger und Durst
nach dem Willen des Vaters.
Und du bist ganz und gar gesättigt worden:
Du wurdest Mutter Gottes,
Mutter der Kirche, Mutter der Menschheit.
Lehre uns, Geschmack zu finden
an der Speise des Willens Gottes.
Laß uns mit deinem Sohn sprechen:
„Meine Speise ist es, den Willen dessen zu tun,
der mich gesandt hat."

Vergegenwärtigen wir uns das Leben des heiligen Antonius, des heiligen Martin, des Ambrosius, des Ignatius, der Therese von Lisieux oder anderer Heiliger, die uns vielleicht vertrauter sind. Ich selbst denke an große Christen, die in unserer Mailänder Diözese wirkten: an Karl Borromäus, an Kardinal Andrea Carlo Ferrari. Welchen Hunger und Durst verspürten sie nach der göttlichen Gerechtigkeit, wie sehr wünschten sie zu tun, was der Herr von ihnen verlangte, wie groß war ihr Wunsch, daß Gottes Pläne in ihrer Zeit zum Zuge kamen!

Was alle Heiligen, so verschieden sie auch sind, auszeichnet und verbindet, ist dieses Verlangen nach dem, was Gott will. An ihnen können wir ersehen, wie Gott den Menschen erfüllt und „sättigt". Halten wir inne, und wenden wir uns an sie mit der Bitte, zu leben wie sie, damit wir in unserem Leben eine ähnliche Erfahrung machen können.

ACTIO

Für die Umsetzung in unsere Lebenswirklichkeit möchte ich zwei Anregungen geben.

– Bewußt und gesammelt das Vaterunser sprechen. Dies kann uns helfen, wirklich nach dem Willen Gottes zu hungern und zu dürsten. Beten wir es langsam, besinnen wir uns auf jede einzelne

Bitte, machen wir sie uns zu eigen, zu einem tiefen Anliegen, verspüren wir den Wunsch, zu erhalten, worum wir bitten.

– Zeichen setzen, die Hunger stillen helfen.

Ein Verzicht, die „Abtötung" der Genußsucht kann zum Zeichen unseres Hungers und Durstes nach Gott werden. Bestimmte Zeiten, zum Beispiel die Fastenzeit, erinnern uns daran, daß es gut tut, den körperlichen Hunger und Durst ein wenig zu zügeln. Vergessen wir nicht, wie viele Schwestern und Brüder in aller Welt im Elend leben und buchstäblich Hunger und Durst leiden. Wer kein Brot zu essen hat, wer kein Wasser zu trinken hat, soll gesättigt und gedürstet werden durch die konkrete Liebe der Brüder und Schwestern, die sich den tatkräftigen Einsatz gegen die schmerzliche, dramatische Armut vieler Völker dieser Erde etwas kosten lassen. Auch auf diese Weise soll sich das Wort Jesu erfüllen können: „Selig, die hungern und dürsten nach der Gerechtigkeit; denn sie werden gesättigt werden."

Selig die Barmherzigen

Mit der Seligpreisung der Barmherzigen beginnt der zweite Abschnitt der Reihe der Seligpreisungen bei Matthäus. In den ersten vier steht unsere Beziehung zu Gott, unser Glaube und Verlangen nach ihm, im Vordergrund; in den folgenden geht es vor allem um unsere Beziehung zum Nächsten. Wer sich Gott anvertraut hat in der „Armut im Geiste", in Leid und Betrübnis, in Sanftmut und Demut, in Hunger und Durst nach dem göttlichen Willen, bemerkt, daß ihm ein neuer Umgang mit den Mitmenschen zu einem inneren Bedürfnis wird. Er möchte, daß sein Verhalten zu den anderen die innere, unvergängliche Fülle widerspiegelt, die er gefunden hat.

Ich muß gestehen, daß mir, je weiter wir über diesen Abschnitt des Matthäusevangeliums meditieren, die Unzulänglichkeit meiner Worte zunehmend bewußt wird. Um das Glück, das Jesus verheißen hat, verstehen zu können, müßten wir eindringen in die Sichtweise Gottes, ins Denken Jesu, in das Ja Marias. Aus diesem Grund können alle Erklärungsversuche nur insoweit Frucht bringen, wie ein jeder auf das hört, was der Herr ihm zu verstehen gibt – auch über das hier Gesagte hinaus. Wir müssen aufmerksam auf unseren Meister, der im Innern zu uns spricht, hinhören; denn Jesus möchte mit jedem Menschen ins Gespräch kommen.

LECTIO:

BARMHERZIGKEIT FÜR DIE BARMHERZIGEN

„Selig die Barmherzigen; denn sie werden Erbarmen finden" (Mt 5,7).

Die fünfte Seligpreisung weist eine sprachliche Besonderheit auf: Sie basiert auf einem Begriff, der im ersten wie im zweiten Teil des Verses auftaucht. In den vorangegangenen Seligpreisungen gab es jeweils zwei Begriffe: die Armen im Geiste und das Himmelreich; die Trauernden und der Trost; die Sanftmütigen und das Land; die nach Gerechtigkeit Hungernden und Dürstenden und die Sättigung. Hier wird den Barmherzigen Barmherzigkeit zugesagt. Dieser Begriff ist typisch für das christliche Vokabular. Es gibt Initiativen und Gemeinschaften, die ihn in ihren Namen aufgenommen haben. Man kennt die „sieben Werke der Barmherzigkeit", die geistigen und die „leiblichen". „Barmherzigkeit" verweist auf einen Lebensstil, der sich an der christlichen Nächstenliebe orientiert.

Im Deutschen (wie auch im Italienischen) gibt es ein anderes Wort, das von der Wurzel her zur selben Wortfamilie gehört: Almosen (*elemosina*). Wir

64

denken dabei gewöhnlich an eine Geldspende für einen Bedürftigen, doch ursprünglich ist es die Eindeutschung des griechischen *eleemosyne*, das heißt Barmherzigkeit oder Tat der Barmherzigkeit. Der Vers des Matthäusevangeliums lautet im griechischen Original: *Makarioi oi eleemones, oti autoi eleethesontai.*

In freieren Übertragungen wird diese Seligpreisung wie folgt übersetzt: „Glücklich, die Mitleid mit den anderen haben; denn Gott wird Mitleid mit ihnen haben" oder: „Glücklich, die anderen beistehen; denn auch ihnen wird geholfen werden". Dahinter stehen unterschiedliche Auslegungen: Einige legen das Schwergewicht auf die Gesinnung, andere unterstreichen die konkrete Tat. Was hat Jesus ausdrücken wollen?

MEDITATIO:
JESU BOTSCHAFT VON DER BARMHERZIGKEIT

Andere Stellen des Matthäusevangeliums, in denen Jesus von der „Barmherzigkeit" spricht, geben uns näheren Aufschluß, was er mit dieser Seligpreisung meint.

In Mt 9,13 heißt es: „Darum lernt, was es heißt: Barmherzigkeit will ich, nicht Opfer. Denn ich bin gekommen, um die Sünder zu rufen, nicht die Gerechten." – Dies ist Jesu Antwort auf die Kritik der Pharisäer, die nicht begreifen, daß er sich mit den Zöllnern und Sündern zu Tisch setzt. Jesu Erwiderung zeigt, daß es für ihn nicht eine Frage des Anstands und der Höflichkeit ist; er unterstreicht vielmehr einen grundlegenden Gesichtspunkt seines Handelns: „Ich bin gekommen, um die Sünder zu rufen, nicht die Gerechten." Die Zuwendung Jesu zu den Sündern beschreibt und definiert Gottes Haltung dem Menschen gegenüber.

In die gleiche Richtung geht eine Stelle aus dem 12. Kapitel: „Wenn ihr begriffen hättet, was das heißt: Barmherzigkeit will ich, nicht Opfer, dann hättet ihr nicht Unschuldige verurteilt ..." (Mt 12,7). – Jesus weist jene zurecht, die seine Jünger tadeln, weil sie an einem Sabbat Ähren pflückten, um ihren Hunger zu stillen; die Mißachtung des Sabbats ist Gegenstand der Diskussion. Mit aller Entschiedenheit und ein wenig unwirsch verteidigt Jesus die Jünger. Wieder einmal hält er sich an ein Prinzip, das er für das ganze Alte Testament als das entscheidende erachtet: Die Barmherzigkeit zählt mehr als die kultischen Handlungen, sie hat größeren Wert als die Beachtung des Sabbats.

Barmherzigkeit besagt in den genannten Stellen Mitgefühl, Mitleid, Verzicht auf das Urteil über andere, eine Art positiver Grundhaltung dem Nächsten gegenüber. Doch sie erschöpft sich nicht darin: Barmherzigkeit muß einen sichtbaren Ausdruck finden in der konkreten Hilfe für jemanden, der in Not ist. Was es heißt, barmherzig zu sein, wird eindrucksvoll in Mt 25 beschrieben:

„Ich war hungrig,
und ihr habt mir zu essen gegeben;
ich war durstig,
und ihr habt mir zu trinken gegeben;
ich war fremd und obdachlos,
und ihr habt mich aufgenommen;
ich war nackt,
und ihr habt mir Kleidung gegeben;
ich war krank,
und ihr habt mich besucht;
ich war im Gefängnis,
und ihr seid zu mir gekommen."
(Mt 25,35-36)

Jesus verlangt die Werke der Barmherzigkeit; er möchte, daß wir uns nach Kräften für die Menschen einsetzen, die elend und unglücklich sind. Die Auflistung der Bedürftigen und Notleidenden, die unsere Aufmerksamkeit und zuvorkommende Zuwendung brauchen, gibt uns eine Vorstellung, was die Seligpreisung der Barmherzigen beinhaltet.

Die Werke der Barmherzigkeit müssen Ausdruck einer aufrichtigen inneren Grundhaltung sein. Jesus mahnt nachdrücklich: „Wenn du Almosen gibst, laß es nicht vor dir herposaunen, wie es die Heuchler in den Synagogen und auf den Gassen tun, um von den Leuten gelobt zu werden. Amen, das sage ich euch: Sie haben ihren Lohn bereits erhalten" (Mt 6,2).

Eine Bitte aus dem Vaterunser zeigt uns einen weiteren Aspekt der Barmherzigkeit. Jesus lehrt uns beten: „Und erlaß uns unsere Schulden, wie auch wir sie unseren Schuldnern erlassen haben" (Mt 6,12). Wir sollen lernen, zu vergeben, Verständnis zu haben, siebenundsiebzigmal zu verzeihen (vgl. Mt 18,21f).

Jesus sagt uns auch, an wem wir uns orientieren können, damit sich die Verheißung, die den Barmherzigen zugesagt ist, an uns erfüllt: Das Vorbild ist Gott selbst, der uns im Alten Testament als Gott treuer Liebe, als barmherziger Gott vorgestellt wird: „Der Herr ging an ihm vorüber und rief: Jahwe ist ein barmherziger und gnädiger Gott, langmütig, reich an Huld und Treue: Er bewahrt Tausenden Huld, nimmt Schuld, Frevel und Sünde weg ..." (Ex 34,6-7a). – Gott ist barmherzig, er begegnet dem sündigen Menschen mit großem Wohlwollen, und seine Liebe ist treu. Nie wird er müde, für den Menschen dazusein: Er ist Liebe und Wahrheit, Barmherzigkeit und Treue.

Darum sind die Jünger Jesu berufen, die unerschütterliche zärtliche Liebe des Herrn nachzuahmen, ohne je eines anderen überdrüssig zu werden. Ein Christ wird nie das Gespräch mit einem Bruder, mit einer Schwester, ob Freund oder Feind, für beendet erklären; nie wird er sich mit dem Gedanken abfinden, daß nichts mehr zu machen sei. Gottes Barmherzigkeit drängt ihn, einen neuen Versuch zu wagen, eine gestörte oder abgebrochene Beziehung voller Zuversicht wiederherzustellen. Ausführlich widmet sich Lukas im 6. Kapitel seines Evangeliums diesem Thema: „Liebt eure Feinde; tut denen Gutes, die euch hassen. Segnet die, die euch verfluchen; betet für die, die euch mißhandeln" (Lk 6,27-28). An das Ende seiner Ausführungen stellt Jesus die entscheidende Aufforderung: „Seid barmherzig, wie es auch euer Vater ist!" (Lk 6,36).

Jesus selbst hat als erster und wie kein anderer den Vater nachgeahmt. Sein Leben lang hat er die Sünder, die Fernstehenden, die Verlorenen gesucht. Immer wieder hat er das Gespräch aufgenommen, niemals entzog er jemandem das Vertrauen. Das größte Beispiel solcher Barmherzigkeit hat er am Kreuz vorgelebt: „Vater, vergib ihnen, denn sie wissen nicht, was sie tun" (Lk 23,34). Dem Verbrecher, der neben ihm am Kreuz hängt, versichert er: „Heute noch wirst du mit mir im Paradies sein" (Lk 23,43). Seine Barmherzigkeit erreicht uns über seinen Tod hinaus: Blut und Wasser, die aus seinem durchbohrten Herzen fließen, sind für die Menschheit eine Quelle von Liebe und Barmherzigkeit.

Erneut erweist sich die Betrachtung des gekreuzigten Jesus als Weg zu einem tieferen Verständnis der Seligpreisungen. In diesem Licht erschließen sich alle Lehren, alle Gleichnisse Jesu, die uns in den Evangelien überliefert werden, all seine Worte über die Vergebung, über die gegenseitige Liebe, über die Demut und Barmherzigkeit auf ganz neue Weise.

Wie leben *wir* die Barmherzigkeit? Folgende Fragen könnten für die persönliche Reflexion dienlich sein:

– Reagiere ich so, wie man mir begegnet? Freundlich auf Freundlichkeit, schroff auf eine schroffe Bemerkung, aggressiv auf aggressives Verhalten? Oder bin ich fähig, einen anderen Ton anzuschlagen und barmherzig zu sein?

– Bin ich manchmal verletzend, vielleicht nicht so sehr durch eine Antwort als durch mein Schweigen? Ein eisiges Schweigen kann einen anderen sehr verletzen; es ist eine wortlose und doch vielsagende Antwort, die verrät, daß es uns an Barmherzigkeit fehlt.

– Bete ich für die, die mir Böses zufügen? Jesus hat dies als typischen Ausdruck der Barmherzigkeit herausgestellt. Vielleicht sollten wir damit beginnen; denn beim Beten besänftigt sich unser aufgebrachtes und verletztes Herz. Wir finden Zugang zum Geheimnis der göttlichen Barmherzigkeit.

– Gelingt es uns, es nicht bei einer ersten Geste der Barmherzigkeit und Aufmerksamkeit zu belassen, sondern die Treue von Gottes überreicher Barmherzigkeit nachzuahmen? Wie oft schaffen wir es nicht, dem ersten großherzigen Schritt einen zweiten folgen zu lassen. Beispielsweise im Umgang mit Ausländern und Asylsuchenden: Oft sprechen wir von ihnen, geben ihnen womöglich ein Zeichen unseres Wohlwollens. Doch nachdem wir anfangs auf sie zugegangen sind, werden wir gewahr, daß sie anders sind, als wir dachten; wir stoßen auf unerwartete, vielleicht auch negative Reaktionen. Dann lassen wir uns schnell entmutigen, bedauern, daß wir so gutmütig gewesen sind und ein bißchen Nächstenliebe geübt haben und wollen nichts mehr von ihnen wissen ...

Herr, wie fern sind wir
deiner Seligpreisung!
Wir wollen dein Herz betrachten,
das allein uns heilen kann
von unserer Härte und eisigen Kälte,
von dem Hang, uns zu verschließen.
Wir bitten dich:
Gib, daß wir in uns
deine Barmherzigkeit empfinden,
damit wir dieser Seligpreisung würdig sind
und der Welt die Treue deiner Liebe bezeugen.

Selig,
die ein reines Herz haben

„Selig, die ein reines Herz haben; denn sie werden Gott schauen" (Mt 5,8).

In den Übersetzungen der sechsten Seligpreisung gibt es im Unterschied zu den vorangehenden nicht viele Varianten. In fast allen Bibelausgaben wird das Griechische *oi katharoi* mit „Selig, *die reinen Herzens sind*" oder „Selig, *die ein reines Herz haben*" wiedergegeben. Es geht um die Reinheit des Herzens, um Lauterkeit, um das innere, volle Ja zum Willen Gottes.

EIN REINES HERZ

In der Heiligen Schrift bezeichnet das Herz das Innerste des Menschen, die Mitte der Person. Das Herz ist der „Ort", wo der Mensch sich seiner bewußt wird, über Dinge und Ereignisse nachdenkt, nach dem Sinn der ihn umgebenden Wirklichkeit fragt. In der Tiefe des Herzens übernimmt der Mensch Verantwortung, stellt er sich den Gegebenheiten des Lebens und dem Geheimnis Gottes.

Lukas unterstreicht in seinem Evangelium, daß

Jesu Gegenwart für den einzelnen erst „Heil-bringend" wird, wenn sie im Herzen angenommen wird: im Herzen der Hirten, in Maria, die im Herzen bewahrt, was Gott uns durch die Geburt Jesu mitteilt, die es betrachtet und für das eigene Leben Konsequenzen zieht.

Heute gebrauchen wir meist andere Begriffe für das, was die Bibel „das Herz" nennt. Wir sprechen beispielsweise von „Innerlichkeit"; so könnten wir sagen: Selig, die innerlich rein sind. Oder von „Gewissen": Selig, die ein reines Gewissen haben.

Schwieriger ist es zu verstehen, was mit „rein" gemeint ist.

Das griechische Wort *katharos* heißt übersetzt „rein" oder „sauber"; es ist das Gegenteil von „schmutzig". In diesem Sinn begegnet es uns in einer Stelle des Matthäusevangeliums: Nach dem Tod Jesu wendet sich Josef aus Arimathäa an Pilatus mit der Bitte, ihm den Leichnam zu übergeben. „Da befahl Pilatus, ihm den Leichnam zu überlassen. Josef nahm ihn und hüllte ihn in ein reines Leinentuch", ein Leinentuch ohne Flecken (Mt 27,58-59).

In der Seligpreisung hingegen zeigt die Beifügung „die reinen *Herzens* sind", daß nicht äußere Sauberkeit gemeint ist, sondern eine innere Qualität. Die Exegeten diskutieren darüber, ob diese Herzensreinheit als Beherrschung der Sinnlichkeit zu verstehen ist (so wird traditionell der Begriff

„Reinheit" verwendet) oder aber im Sinne einer lauteren Intention. So gedeutet, gilt die Seligpreisung Menschen, die keine Hintergedanken haben, die nicht insgeheim andere Ziele verfolgen, sondern Gott und dem Nächsten ehrlich und aufrichtig begegnen.

Bezeichnend ist in diesem Zusammenhang ein Streitgespräch Jesu mit den Pharisäern. Als diese seine Jünger tadeln, weil sie sich zu Tisch gesetzt haben, ohne zuvor die rituellen Waschungen vorgenommen zu haben, erwidert Jesus: „Nichts, was von außen in den Menschen hineinkommt, kann ihn unrein machen, sondern was aus dem Menschen herauskommt, das macht ihn unrein" (Mk 7,15). Dann erklärt Jesus: „Was aus dem Menschen herauskommt, das macht ihn unrein. Denn von innen, aus dem Herzen der Menschen, kommen die bösen Gedanken, Unzucht, Diebstahl, Mord, Ehebruch, Habgier, Bosheit, Hinterlist, Ausschweifung, Neid, Verleumdung, Hochmut und Unvernunft. All dieses Böse kommt von innen und macht den Menschen unrein" (Mk 7,20-23).

Das Herz ist also der Ausgangspunkt der „Unreinheit". Doch wenn das Herz lauter ist, wird es zur Quelle der Reinheit und bewegt den Menschen zu gutem Tun. Nur der vermag im Einklang mit dem Willen Gottes zu leben, der ein reines Herz hat, der sich fragt, was Gott möchte, und sich ihm unterstellt.

Eine andere Nuance des Wortes *katharos* klingt in Joh 13,10b-11 an: moralisch rein sein, ohne Sünde oder Laster. „Ihr seid rein, aber nicht alle" (Joh 13,10b), sagt Jesus zu den Aposteln, nachdem er ihnen die Füße gewaschen hat. Der Evangelist fährt fort: „Er wußte nämlich, wer ihn verraten würde; darum sagte er: Ihr seid nicht alle rein" (13,11).

Gott allein kann uns „rein machen", nur er kann unser Herz wiederherstellen durch seine Vergebung. So bittet der Psalmist:

„Erschaffe mir, Gott, ein reines Herz
und gib mir einen neuen, beständigen Geist!"
(Ps 51,12).

Zuvor hat er bekannt:

„Gegen dich allein habe ich gesündigt,
ich habe getan, was dir mißfällt."
(Ps 51,6)

Rein ist nicht bloß ein Herz, das keinen Makel und keine Sünde kennt, sondern auch das von Gott neu geschaffene Herz des Sünders, das durch seine Gnade und Barmherzigkeit erneuerte Herz.

In Psalm 24,3-4 wird das „reine Herz" mit anderen Begriffen verbunden:

„Wer darf hinaufziehn zum Berg des Herrn,
wer darf stehn an seiner heiligen Stätte?
Der reine Hände hat und ein lauteres Herz,
der nicht betrügt und keinen Meineid schwört."

„Herz" und „Hände" werden parallel gesetzt: Ein reines Herz ist nicht zu trennen von reinen Händen, die niemandem Böses zugefügt und dem Nächsten keine Gewalt angetan haben, die das fünfte Gebot („Du sollst nicht töten!") in seiner ganzen Tragweite beachtet haben. Ein reines Herz beinhaltet die Absage an Lüge und Täuschung, es ist dem Menschen eigen, der die Gebote befolgt, der Gott treu und von Grund auf ehrlich ist.

Dem Menschen, der so lebt, wird zugesagt, daß er „zum Berg des Herrn hinaufziehn" und „an seiner heiligen Stätte stehen" darf. Damit führt uns der Psalm zum zweiten Teil der Seligpreisung, zur Verheißung: „ ... denn sie werden Gott schauen".

GOTT SCHAUEN

Die Verbindung des reinen Herzens mit dem Schauen Gottes wird in den nachfolgenden Versen des zitierten Psalms (24,3-6) noch deutlicher:

> „Wer darf hinaufziehn zum Berg des Herrn,
> wer darf stehn an seiner heiligen Stätte?
> Der reine Hände hat und ein lauteres Herz,
> der nicht betrügt und keinen Meineid schwört.
> Er wird Segen empfangen vom Herrn
> und Heil von Gott, seinem Helfer.
> Das sind die Menschen, die nach ihm fragen,
> die dein Antlitz suchen, Gott Jakobs."

„Das Antlitz Gottes suchen" heißt, Gott schauen zu

wollen, und um ihn zu schauen, muß man reine Hände und ein lauteres Herz haben. Im Alten Testament gibt es zwei Aussagen, die in einer Spannung zueinander stehen: Einerseits wird gesagt, niemand könne Gott sehen, ohne zu sterben; denn Gott ist zu groß. Er wohnt in einem unzugänglichen Licht und übersteigt das menschliche Fassungsvermögen. Im Grunde kann niemand Gott kennen, so wie er ist. Daneben gibt es in den Erzählungen von den Stammvätern des Glaubens, so in der Abrahams- und Jakobsgeschichte, mehrere Stellen, in denen gesagt wird, sie hätten Gott gesehen. In den Psalmen spricht der gerechte, fromme Israelit oft den Wunsch aus, Gottes Angesicht zu schauen: „Wann darf ich kommen und Gottes Antlitz schauen?" (Ps 42,3). „Mein Herz denkt an dein Wort: ‚Sucht mein Angesicht!' Dein Angesicht, Herr, will ich suchen" (Ps 27,8). Aus diesen Versen spricht ein brennendes Verlangen.

Die Spannung zwischen diesen alttestamentlichen Aussagen legt nahe, daß „Schauen Gottes" unterschiedliche Bedeutungen haben kann. Wenn der Gedanke verworfen wird, man könne Gott schauen, ist die Betrachtung Gottes in seiner absoluten Herrlichkeit gemeint. Von dieser endgültigen Schau Gottes spricht der Erste Johannesbrief: „Wir wissen, daß wir ihm ähnlich sein werden, wenn er offenbar wird; denn wir werden ihn sehen, wie er ist" (1 Joh 3,2). Diese Schau ist der Zeit des endgültigen messianischen Heils vorbehalten, das Christus uns bringt, wenn wir in ihm sein und mit ihm und in ihm den Vater betrachten werden. Auch die Offenbarung des Johannes beschreibt jene, die am Ende der Zeiten vor dem Thron Gottes und des Lammes stehen werden: „Seine Knechte werden ihm dienen. Sie werden sein Angesicht schauen, und sein Name ist auf ihre Stirn geschrieben" (Offb 22,3b-4).

Das Alte Testament läßt hingegen die Aussage gelten, daß man Gott „sehen" kann, wenn man in der Treue zum Gesetz lebt, ihm in Liebe dient oder etwas von seinem Geheimnis erfaßt. Was „Gott schauen" hier meint, wird durch eine im Alten Orient geläufige Wendung, die uns auch in der Heiligen Schrift begegnet, deutlich: „das Antlitz des Königs sehen". An den großen Königshöfen, etwa am Hof Nebukadnezars, gab es unter denen, die die höheren Posten bekleideten, einige, die „das Antlitz des Königs schauen". Damit ist offensichtlich nicht gemeint, daß sie ihn bei bestimmten Anlässen zu Gesicht bekamen, sondern daß sie eine vertraute, unmittelbare Beziehung zu ihm haben. Diese Vertrauten waren seine Sekretäre und Sprecher; sie kannten die Wünsche des Königs und machten sie sich zu eigen, sie gehorchten seinem Willen in treuer Liebe, entzogen sich nicht seinen Anordnungen und folgten seinen Gesetzen. „Das Antlitz des Königs schauen" bezeichnet diese Beziehung, welche die Bereitschaft einschließt, ihm zu dienen.

In einigen Stellen des Alten Testaments wird die Metapher auf den Gottesdienst bezogen: Gottes Antlitz suchen ist gleichbedeutend mit dem Wunsch, ihm beim Tempeldienst, in der Liturgie nahe zu sein. Es ist kein passives Zuschauen, wie wenn man einem Schauspiel beiwohnt. Es geht vielmehr darum, zur Präsenz Gottes, zum gegenwärtigen Gott hintreten zu dürfen, um ihn zu loben und ihm zu dienen. Aus diesem Grund schreibt der Verfasser von Psalm 24, daß man reine Hände und ein lauteres Herz haben muß, um das Antlitz Gottes zu suchen, das heißt: wenn man ihn im Tempel und Gottesdienst sehen möchte.

MEDITATIO

In der Seligpreisung der Menschen reinen Herzens faßt Jesus die Gedanken des Alten Testaments zusammen, knüpft daran an und bringt sie zur Fülle.

Jesus meint eine Herzensreinheit, die sich nicht auf einen der oben genannten Aspekte beschränken läßt. Ihm geht es um etwas Umfassendes: um die ehrliche, ungetrübte Zustimmung zum Willen Gottes, um die Liebe und Treue im Ja zu allem, was Gott für uns möchte. Dieser Herzensreinheit, diesem umfassenden Ja zum Willen Gottes, dieser ausschließlichen Suche des Reiches Gottes gilt die Verheißung, Gott zu schauen, wie er ist, in seiner eschatologischen Fülle. Es ist die Verheißung, ihm zu dienen, ihn loben, betrachten und anbeten zu können im Himmlischen Jerusalem.

Die Seligpreisung bezieht sich also auf ein Glück, das sich im endgültigen Leben voll und ganz verwirklicht, in dem Leben ohne Ende, im neuen Leben bei Gott. Sie ist eine Seligpreisung der Hoffnung. Einer Hoffnung, die unsere Gegenwart ausweitet in den Horizont einer wunderbaren Zukunft hinein und die sich doch schon jetzt dem erschließt, der ein reines Herz hat: Im Gebet, in der Liturgie, auf dem Weg der pilgernden Kirche erlebt er bereits hier eine Vorwegnahme der ewigen innigsten Gemeinschaft mit Gott. Denen, die reinen Herzens sind, schenkt der Herr schon in diesem Leben die Erfahrung seines Geheimnisses, das Unterpfand dafür, daß sie ihn in seinem Reich von Angesicht zu Angesicht schauen werden.

Diese Seligpreisung weist uns hin auf die Einheit von Leben und Glauben, von Liturgie und alltäglichem Tun: Ein reines, leuchtendes Herz ist notwendig, um am Altar des Herrn zu stehen, und zugleich, um ihm im Leben eines jeden Tages mit Freude dienen zu können: bei der Arbeit und zu Hause, in allen kirchlichen und gesellschaftlichen Aufgaben. Dem, der so lebt, wird nie die Gnade der Gegenwart Gottes fehlen. Er kann ihn betrachten und in allen Ereignissen und Umständen entdecken; er wird in allem die Liebe Jesu Christi, des Gekreuzigten und Auferstandenen, wahrnehmen.

Von Pachomius, einem heiligen Mönch der Frühen Kirche, der im 4. Jahrhundert in Ägypten lebte, wird folgendes erzählt: Ein Mitbruder wandte sich mit Tränen in den Augen an Pachomius; er weinte, weil er Zweifel hatte, ob er im künftigen Leben Gott würde schauen dürfen. Da sprach Pachomius zu ihm: „Setze alles daran, bald die Früchte hervorzubringen, die im Evangelium beschrieben werden: ‚Selig, die reinen Herzens sind; denn sie werden Gott schauen.‘ Wenn also ein böser Gedanke in dir aufsteigt, sei es Haß, niederträchtiges Sinnen, Eifersucht, Neid, Verachtung deines Bruders, menschliche Eitelkeit, dann vergiß nicht, sogleich zu sagen: Wenn ich einem dieser Gedanken nachgebe, werde ich den Herrn nicht sehen."

Der heilige Mönch rät uns, in Momenten der Anfechtung und in Versuchungen, die unser Herz verwirren und spalten wollen, sollten wir uns helfen, indem wir an die Verheißung der sechsten Seligpreisung denken. Der Gedanke an das verheißene Glück, Gott zu schauen, kann uns abhalten, der Versuchung zu Bosheit, Eifersucht und Neid nachzugeben. Sonst laufen wir Gefahr, dieses Glück zu verlieren – und auch den „Geschmack an Gott", den ein kontemplativer Mensch besitzt, der sich ein aufrechtes Herz bewahrt und sich nicht mit bösen Gedanken trägt.

Fragen wir uns einmal, ob wir uns nach der Freude sehnen, die ein reines Gewissen gibt. Wieviel ist sie uns wert? Sind wir bereit, dafür auch Opfer auf uns zu nehmen? Im Sakrament der Versöhnung ist uns die große Chance gegeben, aufs neue in der Freude der geschenkten Vergebung und eines reinen Gewissens zu leben.

Oftmals beklagen wir uns, im Gebet keine Beziehung zu Gott zu finden: Gott scheint fern, verborgen, getrennt von uns. Haben wir einmal darüber nachgedacht, ob wir unser Herz „gereinigt" haben? Denn der Eindruck der Trockenheit mag manchmal damit zusammenhängen, daß wir unser Beten nicht in der rechten Haltung beginnen, daß wir nicht um Verzeihung gebeten haben, wo wir schuldig geworden sind. Doch wie können wir erwarten, das Antlitz Gottes zu sehen, wenn wir unser Herz nicht frei gemacht haben, wenn wir uns nicht dem befreienden, läuternden Wirken des Heiligen Geistes anheimgeben?

Jesus,
schenke uns die Erfahrung der Reinheit des Herzens,
die uns schon jetzt dein Antlitz sehen läßt
und uns die Gewißheit schenkt,
auf ewig das Angesicht Gottes zu schauen.
Herz Jesu, Quell unserer Hoffnung,
überlaß uns nicht der Härte unseres Herzens.
Mach uns dir ähnlich: demütig und langmütig,
reich an Güte und Barmherzigkeit.

Selig, die Frieden stiften

Zu den verbleibenden drei Seligpreisungen möchte ich nur einige Hinweise und Denkanstöße geben. Die tiefere Reflexion muß dem einzelnen überlassen bleiben.

Die siebte Seligpreisung der Bergpredigt lautet: „Selig, die Frieden stiften; denn sie werden Söhne Gottes genannt werden" (Mt 5,9).

Jesus spricht nicht von denen, die gemeinhin als „friedlich" oder „friedfertig" bezeichnet werden, weil sie stets den lieben Frieden wahren wollen oder mit aller Welt harmonisches Einvernehmen suchen. Jesus meint vielmehr jene, die sich aktiv für den Frieden einsetzen und den Dialog als Mittel und Weg zum Frieden wählen:

einen Dialog, der keine Barrieren zwischen Rassen und Völkern zuläßt;

einen Dialog, der Bejahung und Annahme des anderen ist, getragen von Wertschätzung, von der Bereitschaft zu helfen und der Haltung des Dienens;

einen Dialog, der zum Protest und Widerstand gegen die Gewalttätigen und Unterdrücker wird.

Allem, was Gewalt hervorbringt, darf kein Raum gegeben werden. Das ist die große Herausforderung dieser Seligpreisung. Denen, die auf diese Weise Frieden stiften, gilt die große Verheißung: „Sie werden Söhne Gottes genannt werden."

Selig, die um der Gerechtigkeit willen verfolgt werden ...

„Selig, die um der Gerechtigkeit willen verfolgt werden; denn ihnen gehört das Himmelreich" (Mt 5,10).

Es werden die Menschen selig gepriesen, die Verfolgung erleiden, wenn sie Gerechtigkeit üben, und sich voll Vertrauen in Gottes Hände geben; die das Kreuz riskieren, um zur Verwirklichung des Gottesreiches beizutragen. Denn wer für das Reich Gottes, das Reich der Gerechtigkeit und Geschwisterlichkeit, lebt, kann nicht allgemeine Zustimmung erwarten und auf den Beifall der Leute bedacht sein.

Die achte Seligpreisung ist eng mit der neunten verbunden: „Selig seid ihr, wenn ihr um meinetwillen beschimpft und verfolgt und auf alle mögliche Weise verleumdet werdet. Freut euch und jubelt: Euer Lohn im Himmel wird groß sein. Denn so wurden schon vor euch die Propheten verfolgt" (Mt 5,11-12). Auf verschiedene Weise unterstreichen beide Seligpreisungen den gleichen Gedanken: die Verfolgung um der Gerechtigkeit, um Jesu willen.

Viele andere Stellen des Neuen Testaments helfen diese Seligpreisungen weiter zu erhellen. Im

Ersten Petrusbrief beispielsweise heißt es: „Liebe Brüder, laßt euch durch die Feuersglut, die zu eurer Prüfung über euch gekommen ist, nicht verwirren, als ob euch etwas Ungewöhnliches zustoße. Stattdessen freut euch, daß ihr Anteil an den Leiden Christi habt; denn so könnt ihr auch bei der Offenbarung seiner Herrlichkeit voll Freude jubeln. Wenn ihr wegen des Namens Christi beschimpft werdet, seid ihr seligzupreisen; denn der Geist der Herrlichkeit, der Geist Gottes, ruht auf euch" (1 Petr 4,12-14).

Paulus schreibt: „Sind wir aber Kinder, dann sind wir auch Erben; wir sind Erben Gottes und sind Miterben Christi, wenn wir mit ihm leiden, um mit ihm auch verherrlicht zu werden" (Röm 8,17). „Christus will ich erkennen und die Macht seiner Auferstehung und die Gemeinschaft mit seinen Leiden; sein Tod soll mich prägen. So hoffe ich, auch zur Auferstehung von den Toten zu gelangen" (Phil 3,10-11). „Ich bejahe meine Ohnmacht, alle Mißhandlungen und Nöte, Verfolgungen und Ängste, die ich für Christus ertrage; denn wenn ich schwach bin, dann bin ich stark" (2 Kor 12,10).

In diesem Zusammenhang ist auch die folgende Stelle aus dem Matthäusevangelium aufschlußreich. Jesus sagt seinen Jüngern: „Wer das Leben gewinnen will, wird es verlieren; wer aber das Leben um meinetwillen verliert, wird es gewinnen" (Mt 10,39; vgl. 16,25; 19,29).

Wir danken dir, Herr Jesus,
für die Gelegenheit, dein Wort zu betrachten.
Wir danken dir für die Seligpreisungen:
Sie zeigen uns,
wie du auf dieser Welt gelebt hast;
sie geben uns die Hoffnung und das Vertrauen,
es dir mit deiner Hilfe gleichzutun.
Wir danken dir, daß du bei uns bist,
heute, morgen, alle Tage.
Du begleitest uns
auf dem Weg zur Fülle des neuen Lebens,
das du uns gebracht hast.
Wir danken dir, Vater:
Durch den Tod und die Auferstehung Jesu
schenkst du uns den Heiligen Geist,
der uns die Gewißheit ins Herz legt,
eines Tages in dein Reich zu gelangen,
dein Angesicht unverhüllt zu schauen,
das wir schon jetzt ein wenig erkennen können,
umfangen von der bedingungslosen Vergebung,
die du uns immerfort anbietest.

Schlußbemerkungen

Die Betrachtung der einzelnen Seligpreisungen hat uns gezeigt, wie sehr sie miteinander verbunden sind. Sie bilden ein Ganzes, ein christliches Lebensprogramm, das Programm der Nachfolge Jesu.

Immer wieder stoßen wir bei der Lektüre des Neuen Testaments auf jene Haltungen, von denen in den Seligpreisungen die Rede ist. Sie klingen in den ersten beiden Kapiteln des Lukasevangeliums an: Demut, Armut, Einfachheit, Klein-Sein, Verfügbarkeit für Gottes Wirken in jeder denkbaren Situation. Wir finden sie wieder in den Anfangskapiteln der Apostelgeschichte, wo sie auf die christliche Urgemeinde bezogen sind: Es ist eine Gemeinschaft von Armen, von Menschen, die zu Gott beten und ihn loben können, die nichts für sich behalten, sondern bereitwillig teilen, die voller Freude sind und die Frohe Botschaft mit dem Leben verkünden.

Das Bild der Menschheit, das die Seligpreisungen entwerfen, hat ganz bestimmte Merkmale – nicht so sehr einzelne, klar voneinander abzugrenzende Charakteristiken; eher wird eine Atmosphäre sichtbar, eine bestimmte Art, zu sein und vor Gott zu stehen, ein geschwisterlicher Umgangsstil. Den Bezugspunkt dafür bildet wohl die erste der

Seligpreisungen: „Selig, die arm sind vor Gott; denn ihnen gehört das Himmelreich."

Inhalt

Carlo Maria Martini im Verlag Neue Stadt:

EINSCHALTUNG
Ein Kardinal im Gespräch mit den Medien
96 Seiten, kartoniert, ISBN 3-87996-288-X

„Bei dem gewichtigen Thema Medien zeigt sich der Kardinal auf der Höhe der Zeit. Zugleich erweist sich der Mann als ein großer Kommunikator: Er langweilt an keiner Stelle ... Er wirbt, unterhält und setzt auf den inszenierten Dialog: ‚Mein lieber Fernseher, jetzt schalte ich dich aus, und du hörst mir mal zu!' Ganz nebenbei wirbt er für einen selbstbewußten, reifen Umgang mit den Medienangeboten und zeigt sachlich Chancen, Grenzen und Defizite der Mediengesellschaft auf."
Publik-Forum

GOTTES ÜBERRASCHENDE WEGE
Orientierungshilfen für junge Leute
96 Seiten, kartoniert, ISBN 3-87996-276-6

„Anhand der biblischen Geschichte des 12jährigen Jesus im Tempel geht der Verfasser mit jungen Menschen einen ungewöhnlichen Weg, der aber zugleich der Weg für jeden Christen ist: in dem zu sein, ‚was meinem Vater gehört'. In sieben Kapiteln durchleuchtet Kardinal Martini die biblische Begebenheit und weist mit oft verblüffender Einfachheit auf geistige Perspektiven hin, die dem flüchtigen Leser meist entgehen."
Ordenskorrespondenz

DEM LEBEN RICHTUNG GEBEN
Perspektiven für junge Leute
88 Seiten, kartoniert, ISBN 3-87996-265-0

„*Wo geht's lang?* Für viele Menschen scheint diese Frage unbeantwortbar geworden zu sein ... Der Erzbischof von Mailand schließt auf, wie uns schon im AT in der Jakobsgeschichte eine exemplarische Wegweisung gegeben worden ist. Die Texte sind frisch und in sich folgerichtig. Empfehlenswert, auch für Jugendliche." *das neue buch*

PERSPEKTIVEN
FÜR KIRCHE UND WELT

Ein Gespräch mit dem
Mailänder Kardinal

144 Seiten, gebunden
ISBN 3-87996-293-6

Das erste ausführliche Interview mit dem Mailänder Kardinal:
Ansichten und Einsichten eines kritischen und selbstkritischen Zeitge-
nossen, der eine ungebrochene Zuversicht ausstrahlt und weit über die
Grenzen seiner Diözese hinaus Aufsehen erregt.
Vielleicht liegt im demütigen Hinhören auf das, was das Wort Gottes
uns heute zu sagen hat, der tiefste Grund seiner Popularität. Daß Gottes Wort eine Quelle kreativer Hoffnung ist, davon geben diese Seiten
ein eindrucksvolles Zeugnis.

Das Gespräch führten Antonio Balletto, Direktor des italienischen Ver-
lags *Marietti*, und Bruno Musso, ein in gehobener Stellung in der Wirt-
schaft tätiger Laie.
Eine Kurzbiographie und ein Verzeichnis der Werke von Carlo Maria
Martini bieten einen Überblick über Leben und Schaffen des meistgele-
senen Autors Italiens, dessen deutschsprachige Werke im Verlag
Neue Stadt eine Auflage von über 70.000 erreicht haben.

VERLAG NEUE STADT   MÜNCHEN · ZÜRICH · WIEN